Nosotros, los otros

Las distintas caras de la discriminación

NOFICCIÓN | **CRÓNICA**

VÍCTOR RONQUILLO

Nosotros, los otros

Las distintas caras de la discriminación

México · Barcelona · Bogotá · Buenos Aires · Caracas
Madrid · Montevideo · Miami · Santiago de Chile

Nosotros, los otros
Las distintas caras de la discriminación

Primera edición, octubre 2011

D.R. © 2011, Víctor Ronquillo
D.R. © 2011, Ediciones B México, S. A. de C. V.
Bradley 52, Anzures df-11590, México
www.edicionesb.mx
editorial@edicionesb.com

ISBN 978 - 607 - 480 - 207 - 8

Impreso en México | *Printed in Mexico*

Todos los derechos reservados. Bajo las sanciones establecidas en las leyes, queda rigurosamente prohibida, sin autorización escrita de los titulares del *copyright,* la reproducción total o parcial de esta obra por cualquier medio o procedimiento, comprendidos la reprografía y el tratamiento informático, así como la distribución de ejemplares mediante alquiler o préstamo público.

INTRODUCCIÓN

Prohibido prohibir. La libertad comienza por una prohibición.
Sorbona

Para poder discutir la sociedad en que se vive, es necesario antes ser capaz de discutirse a sí mismo.
Odeón

La discriminación presenta distintas formas de limitar al otro, de excluirlo y de no reconocer sus derechos. Discriminar es negar la posibilidad de una existencia plena a quienes son distintos, a esos *otros* que también somos *nosotros*.

La discriminación corresponde a una dinámica social establecida y avalada por quienes, en un determinado momento, ejercen el poder por pertenecer a una condición que los beneficia, agrupa y cohesiona. Los excluidos por su color de piel, por su elección sexual, sus ideas políticas o religiosas, su edad, y hasta sus condiciones físicas —los ajenos al grupo—, sufren las consecuencias de su diferencia, de su heterodoxia.

En el espejo de la discriminación nos reconocemos todos. N*osotros*, todos, hemos sido excluidos, limitados a ser *los otros*.

También hemos ejercido el poder de la pertenencia a cualquier grupo privilegiado y ejercido la discriminación.

En nuestra sociedad, quienes sufren de manera preponderante la discriminación son aquellos que pertenecen a grupos vulnerables: los indígenas (niños y jóvenes), las mujeres, los inmigrantes, las personas mayores, las personas con discapacidad, las poblaciones callejeras, las poblaciones carcelarias y también quienes pertenecen a la disidencia sexual. Cualquiera de *nosotros,* de una u otra manera, pertenece al grupo de esos *otros*: los discriminados.

Es necesario reconocer las causas que generan las prácticas discriminatorias para abatir la negación de los derechos fundamentales de millones de personas en este país. Los reportajes y las crónicas reunidos en este libro se proponen mostrar, con toda crudeza, distintas expresiones de discriminación. Estos textos son el resultado de una labor periodística realizada a lo largo de los años, con el ánimo no sólo de la denuncia sino también, y fundamentalmente, de la reflexión. Su salida a la luz busca poner sobre la mesa de disecciones la innegable realidad de la discriminación en México. La discriminación como un problema histórico social y estructural que nos afecta día con día, y con el que muchos tienen (tenemos) que lidiar en la calle, en la casa, en el trabajo...

Si lo esencial en el periodismo es dar noticia, también es fundamental tratar de ir más allá, profundizar y problematizar, en ese sentido: ejercer el oficio con un sentido humanista.

Distintas realidades, voces, personajes, datos, historias... la discriminación es el trasfondo de diversas violaciones a los derechos humanos y también una falsa justificación para mantener su triste vigencia.

Más allá de las condiciones que sufren los discriminados también está la posibilidad de trascender esa realidad, de ir más allá, expresada en los testimonios de quienes se oponen a su exclusión. Después de todo, de eso se trata, de reconocer las distintas formas de la discriminación para dejar de aceptarlas.

Apuntes para definir la discriminación

EN NUESTRA SOCIEDAD, la discriminación es recurrente. Todos la hemos practicado o hemos sido víctimas de ella, ya sea por nuestra edad, nuestro origen étnico, sexo, religión, ideas políticas, preferencias sexuales, estado civil u opiniones... de una u otra forma, todos hemos participado en algún episodio de discriminación.

La discriminación se puede definir como un trato desfavorable, de desprecio inmerecido, que puede ser intencional o no. Lo que tiene como efecto impedir a quien sufre de exclusión el acceso a la igualdad real de oportunidades y derechos. En términos jurídicos, la discriminación es toda distinción, exclusión o restricción que anula derechos.

El acto discriminatorio marca a las personas, les deja una profunda huella. Quien es discriminado reproduce el triste patrón de excluir a los otros, lo que erosiona la convivencia social. Las personas discriminadas ven su autoestima deteriorada, dejan de reconocer sus cualidades y asumen una posición de víctima.

Estas personas tienden a aislarse con miras a evitar ser agredidas, y por este temor a la violencia suelen ceder sus espacios de crecimiento y oportunidades de desarrollo en favor de personas de otros grupos. Quienes sufren con mayor frecuencia de discriminación suelen ser personas con alguna discapacidad, adultos mayores; niños, niñas y adolescentes; indígenas; personas con VIH/SIDA; quienes prefieren vivir un género distinto al heterosexual y las personas migrantes y refugiadas.

Los efectos de la discriminación en el conjunto social son, mayormente, los que niegan la diversidad y generan una desigualdad profunda. Pero eso no es todo. Con la discriminación también se reproducen patrones de conducta intolerantes hacia las personas diferentes.

Algunas conductas discriminatorias características son el impedimento al acceso a la educación pública o privada, la prohibición a la libre elección de empleo o la restricción de oportunidades de acceso, permanencia y ascenso en el mismo; el establecimiento de diferencias en la remuneración, las prestaciones y las condiciones laborales para trabajos iguales; la negación o limitación de la información sobre derechos reproductivos o el impedimento a la libre determinación del número y espaciamiento de los hijos e hijas.

También es común negar la participación en asociaciones civiles, políticas o de cualquier otra índole; condicionar el derecho de participación política y el acceso a todos los cargos públicos; impedir el acceso a la procuración e impartición de justicia o negar la asistencia de intérpretes en procedimientos administrativos o judiciales.

La discriminación en todas sus facetas es un fenómeno que impide el desarrollo de millones de personas. Como se lee más adelante, los factores que intervienen en ella son multidiciplinarias, pero descansan sobre todo en los escalones social, económico y educativo. ¿Cómo establecer igualdad entre las personas que conviven en un mismo territorio? ¿Hay realmente claves para combatir la discriminación? Porque finalmente, ¿de qué hablamos cuando hablamos de discriminación?

Los textos que siguen ofrecen, más que respuestas contundentes, espejos de conductas discriminatorias, tanto de quienes sufren este tipo de violencia sicológica-social, como de quienes la ejercen. Son ventanas abiertas a una realidad que aunque se vive en nuestro país desde hace tiempo, es susceptible de modificarse, como todo fenómeno social, con el esfuerzo sostenido de distintos sectores.

I

Viaje al país de la pobreza

EL HORIZONTE DE LA DISCRIMINACIÓN es también el de la pobreza, el amargo pan de cada día para millones de mexicanos. La discriminación procede lo mismo de patrones culturales arraigados que de la ausencia de políticas sociales que atiendan a quienes la sufren desde hace siglos de manera preponderante: los indígenas mexicanos.

Hay lugares donde falta todo: trabajo, salud, justicia. En los municipios más pobres del país viven más de 12 millones de indígenas mexicanos.

El 83% de los municipios habitados por ellos son clasificados como de alta o muy alta marginación. En los poblados y caseríos de esos municipios se cuenta con menos de 50 pesos para la subsistencia y, en promedio, apenas se alcanzan cuatro años de escolaridad.

De acuerdo con los datos del Consejo Nacional de Evaluación de la Política de Desarrollo Social, el 39% de la población que habla alguna lengua indígena hoy se encuentra en situación de pobreza extrema.

Ya hasta Dios nos olvidó

En la zona más alta de la región de La Montaña, en el estado de Guerrero, donde se encuentran dos de los municipios más pobres del país: Metlatonoc y Cochoapa el Grande, la crisis económica es un estado crónico de la existencia: la cruel continuidad de las condiciones precarias de vida, de la ancestral supervivencia en la marginación.

Para llegar a Citlaltépetl hay que abordar la *pasajera*, una camioneta en la que la gente se amontona en la caja de volteo, donde, si se tiene suerte, se viaja sentado en incómodas bancas de madera. Tres, cuatro, cinco horas, nadie sabe cuánto puede durar el sinuoso camino que se prolonga por una brecha de subida, una brecha destruida por las lluvias, donde es fácil atascarse y los pasajeros tienen que bajar cuando el lodo cerca la ruta y los hoyos inmensos se prodigan como trampas y atascaderos.

El paisaje es de una belleza soberbia, verde y más verde. Inmensos bosques donde la tala clandestina ha dejado marcas como de arañazos de una enorme bestia en los montes y colonias.

La pobreza se extiende por las más de 700 comunidades de la región de La Montaña en el noroeste de Guerrero. El campo empobrecido, el agua que escasea en las comunidades, la salud limitada en sus servicios más elementales. Aquí los indicativos de la calidad de vida son similares a los de los convulsos países del África subsahariana y su miseria.

En Citlaltépetl, la pobreza y el aislamiento son menores que en los apartados caseríos a los que es imposible llegar en épocas de lluvias, donde la crudeza de la miseria se puede medir en el número de niños muertos por enfermedades que en otros lugares tendrían remedio con una dosis de antibióticos.

Irineo García, comisario municipal de uno de esos apartados caseríos ("un pequeño lugar con honor") habla sobre la crisis económica, de la que se entera porque le gusta informarse de los problemas, porque cuando viaja a Tlapa, la metrópoli de esta zona, busca periódicos que leer, mira la televisión y escucha la radio: "Aquí no se siente la crisis", dice confiado en que su comentario sorprenderá al periodista que ha venido de lejos. "Lo que pasa es que no sabemos cuándo es que está bien el país y cuándo es que está en crisis, aquí no se siente ningún cambio, todo el tiempo estamos en crisis. Todo el tiempo somos pobres".

El español de Irineo, uno de los viejos del lugar, a quienes se busca para escuchar su palabra, es mejor que mi mixteco, del que él no habló una sola palabra. Agradezco su esfuerzo por conversar conmigo, por responder a mis preguntas, las que trato de hacer de la manera más directa posible.

—¿Qué pasa con el trabajo, aquí hay trabajo?

—No hay trabajo, solamente el trabajo del campo, como el de los padres, los abuelos y los tatarabuelos. El mismo trabajo de antes, de siempre. Trabajo que no da, por eso la gente se va a Culiacán, a Estados Unidos, dejan la familia y se van. Imagínese qué le pasa a la familia cuando se queda sola. El hombre tiene que irse, porque aquí no hay trabajo, ni dónde rascarle a la tierra.

—¿Qué pasa con la tierra, se ha empobrecido?

Irineo se toma su tiempo, busca las palabras adecuadas en una lengua que le es ajena, que tengo la impresión siempre ha sentido impuesta. Es la lengua de quienes hace siglos excluyeron a los suyos, de quienes los obligaron a vivir apartados en lugares tan distantes como en lo alto de la región de La Montaña.

—Mire —por fin responde—, nos parece que el gobierno siempre nos ha tenido engañados. Desde hace mucho, aplicamos abono a nuestra siembra y parece que ya se dañó la tierra. Pero si no le aplicas el abono, cero que va a dar. No vale meter trabajo porque no sacas nada. El abono químico descompuso la tierra; de todos modos lo seguimos comprando porque si no lo echamos, la tierra no da.

—¿Qué pasa con la alimentación, con la comida?

—Aquí se comen puros frijoles, pura salsa. Pocos comen carne, hay quienes lo hacen una vez a la semana. Muchos, familias enteras, hay días en que se quedan así, en blanco.

Irineo lo sabe, tras las enfermedades que azotan a los suyos está el hambre.

—Por eso hay tantas enfermedades. Los niños se enferman, los viejos se mueren —dice.

—¿Qué tan grave es el problema de la salud?

—Aquí, dicen que hay un centro de salud, que hay médico, pero los médicos vienen sólo cada mes y la enfermedad no avisa cuando va a tocarte. Diarrea, vómito y el enfermo se va...

Generación tras generación la misma vida, la misma muerte.

—¿Qué pasa con la escuela, hay suficientes escuelas para los niños?

—Hay escuela, pero escuela construida por el pueblo con lo que se puede, techo de lámina de cartón, sobre adobe. Los niños, no comen bien en su casa. Yo sé que los niños bien alimentados son los que están atentos, que aprenden. Los otros se quedan así nada más en lo mismo de siempre.

Irineo, dice convencido:

—Quiero decirle que nuestro México es de nosotros, de los indígenas, pero cuando la Revolución, cuando la Independencia, nos corrieron para los cerros, para las montañas y ya no regresamos.

Días de viaje por las brechas de la pobreza, en época de lluvias anegadas. La marginación tiene un equivalente en lodo, en ese lodo que se acumula en los caminos, esos caminos sólo transitados en esta época por la más apremiante necesidad, comprar algunos alimentos, ir al médico, cumplir con el inaplazable tramite en la ciudad de Tlapa, tan lejos de aquí, esa ciudad a la que muchos de quienes viven en las apartadas comunidades indígenas visitaran una sola vez en su vida. Una ciudad de decenas de miles de habitantes, tan distante de Chilpancingo, la capital del estado de Guerrero, como del futuro.

Beatriz Gálvez, una mujer excepcional, habla español con soltura; ella abrió la primera tienda de víveres en Citlaltépetl y, en compañía de sus hijas y otras mujeres, cocina los frijoles y echa las tortillas que disfruto y agradezco.

La pobreza resulta más amarga para las mujeres de la región de La Alta Montaña.

—Las que sufren más son ellas, sufren por sus hijos. Se dejan tener muchos hijos, ocho, hasta diez y, ¿qué van a comer? Sufren de hambre y ellas además del hambre sufren por ellos —dice.

Por el pueblo andan los niños, los más pequeños huyen al ver gente extraña. Los mayores se aproximan con curiosidad. Estos niños viven acechados por la enfermedad y el hambre. Para muchas familias, no hay siquiera frijoles y tortillas.

—Hay muchas necesidades en este pueblo —insiste Beatriz—. Cuando hay trabajo, por dos o tres días, los hombres se van al campo, pero con lo que ganan se dan a la bebida sin que les importen la mujer y los hijos.

En época de lluvias la vida todavía es más difícil.

—Por estas fechas escasea el maíz; cuando llueve, el camión de Liconsa no sube. Se cierran los caminos. Falta el maíz y muchos sufren hambre.

A Beatriz le duele decirme que aquí los enfermos se mueren por falta de lo más elemental. Algunos no logran sobrevivir al largo viaje rumbo al hospital en Tlapa.

Eduardo Gregorio Ortega es parte del comité que busca convertir al poblado en la cabecera de un nuevo municipio con el afán de que los pocos recursos que llegan al municipio de Metlatonoc se repartan equitativamente y no beneficien sólo a unas cuantas comunidades.

—Aquí hay mucha necesidad —dice Gregorio, cuando conversamos fuera de una vieja iglesia franciscana, en un frío y lluvioso anochecer en Citlaltépetl.

No contamos con drenaje, no contamos con calles pavimentadas, no tenemos carretera, ni fuentes de trabajo. Somos un pueblo de alta marginación, un pueblo olvidado por los gobiernos estatal y federal.

Cuando escribo la crónica de aquel viaje, recuerdo lo que me dijo Don Irineo García como despedida.
—El gobierno no nos oye. Ya hasta Dios nos olvidó.

Supervivencia en el asfalto

En la zona metropolitana de la ciudad de México vive más de un millón de personas de origen indígena. La megalópolis se ha convertido en refugio de quienes han dejado atrás la pobreza del campo. Los indígenas migran al asfalto por razones de mera supervivencia.

Después del terremoto sufrido en la ciudad de México en 1985, distintos grupos de indígenas ocuparon edificios abandonados, tomaron predios y vecindades. Desde entonces viven en esos lugares, ubicados, por ejemplo, en la colonia Roma, en ocasiones sin servicios suficientes, en riesgo por las peligrosas condiciones en que se encuentran muchos de esos inmuebles con graves fallas en su estructura. Muchas veces se han adaptado viviendas en lugares poco propicios, donde priva el hacinamiento.

De acuerdo con datos del INEGI, más del 30% de las viviendas indígenas en la ciudad de México tiene un solo cuarto. Según datos de la Secretaría de Finanzas del gobierno capitalino, siete de cada diez habitantes de uno de los conglomerados urbanos más grandes del mundo se encuentra en situación de pobreza, pero los más pobres son indígenas.

La vida en los predios ocupados por indígenas transcurre entre la agobiante realidad de urbe y la presencia de la vieja tierra que no se olvida. Se recuerda las tradiciones y se rinde culto a divinidades arraigadas en la propia cultura. Las mujeres mantienen la cohesión de las comunidades indígenas del asfalto.

La presencia de los indígenas en la ciudad de México es tan vieja como su historia. Hoy, luego de lo que se puede considerar una verdadera diáspora rural, efecto de la creciente pobreza en el campo, uno de cada tres indígenas mexicanos vive en centros urbanos y más de un millón de indígenas vive en la zona metropolitana del Distrito Federal.

Los indígenas del asfalto, los que luchan por la vida en la ciudad, sufren de la discriminación de forma recurrente, se les estigmatiza. De acuerdo con datos de la Primera Encuesta Nacional sobre Discriminación en México, elaborada por la SEDESOL en 2004, el 42% de las personas entrevistadas está de acuerdo con la afirmación de que "los indígenas tendrán siempre una limitación social[debido a]sus características raciales".

Resulta paradójico que entre los indígenas de la ciudad de México la tasa de Población económicamente activa sea mayor que entre los no indígenas. Los jóvenes indígenas empiezan a trabajar a muy temprana edad. De acuerdo con datos del INEGI, entre el 27% y el 73% de la población indígena entre los 12 y los 14 años trabaja.

Los datos sobre ocupación laboral sorprenden; en promedio, sólo tres de cada diez indígenas se dedican al comercio informal o formal en la ciudad de México. El resto participa en la industria de la construcción y en otros servicios. Muchas mujeres son empleadas del hogar.

En cuanto a la salud, las condiciones son de lo más precario, los viejos remedios frente a la imposibilidad de comprar medicinas...

En el *Informe del Relator Especial sobre la situación de los Derechos Humanos y las libertades fundamentales de los pueblos indígenas* (2003), elaborado por Rodolfo Stavenhagen, se afirma que las principales víctimas de la discriminación sufrida por los indígenas son las mujeres, los niños... y los indígenas migrantes en zonas urbanas.

Más allá de las carencias, día con día los indígenas del asfalto demuestran que son capaces de seguir entre nosotros, de mantener vivas sus tradiciones... Quinientos años después, sobreviven en edificios abandonados y predios colmados de viviendas en el Distrito Federal, el viejo corazón del poderoso imperio azteca.

Tratado sobre la desigualdad

EL ÍNDICE DE DESARROLLO HUMANO MUNICIPAL EN MÉXICO, documento elaborado por el Programa de las Naciones Unidas para el Desarrollo, bien podría ser considerado un tratado sobre la desigualdad.

En nuestro país conviven polos opuestos de calidad de vida, realidades tan distintas en cuanto a salud, educación y empleo, como las del África subsahariana y las de Nueva York... todo en un mismo territorio.

Los 20 municipios con menor desarrollo humano se ubican en Chiapas y Oaxaca, donde la esperanza de vida y la matriculación escolar es más baja y donde existen menores satisfactores para las demandas de salud.

Los municipios de menor índice en cuanto al desarrollo de la salud están en Chihuahua... y donde hay menos oportunidades de educación, en Guerrero y Oaxaca.

En cuanto al ingreso, los municipios con menor índice se encuentran en Oaxaca.

Cochoapa el Grande, en la región de La Montaña, en Guerrero, es el municipio más pobre del país. Una región aislada. Hace algunos años, Metlatonoc, conocido por su pobreza, se dividió en dos por razones políticas. Partió en dos las pocas posibilidades de desarrollo que tenían sus habitantes.

Un dato que resulta revelador: los más pobres en este país son mujeres... indígenas.

II

Ser mujer y no morir en el intento

La paradoja de la discriminación: de acuerdo con una encuesta reciente realizada y publicada por un periódico de circulación nacional, el 80% de la población de nuestro país reconoce que existe discriminación hacia las mujeres. Sin embargo, el que este porcentaje de mexicanos reconozca que las mujeres son discriminadas no cambia en nada las condiciones de exclusión y desventaja que enfrenta la mitad de la población. Tampoco, hechos tan graves como la violencia que se cierne sobre las mujeres en distintos ámbitos, latente en el acoso sexual, la negación de las capacidades, los talentos y la sensibilidad de las mujeres en una sociedad que no ha dejado de ser machista, resultado de una perspectiva primitiva del mundo. Vale recordar que cuando los hombres fuertes de la tribu iban de caza, las mujeres sembraban la tierra.

La discriminación a las mujeres se expresa de las más diversas formas; es una oprobiosa práctica recurrente, que proviene de una cultura en la que persiste el atavismo del poder del más fuerte, del depredador que mira a los demás como rivales en una contienda ancestral. La falocracia nos condena a roles masculinos y femeninos que limitan nuestras posibilidades de existencia plena.

Según datos del INEGI, la población de mujeres en nuestro país asciende a 54.6 millones. De ellas, sólo 96 ocupan la presidencia municipal en los 2 439 ayuntamientos que hay en el país.

Sin embargo, el número de hogares encabezados por mujeres en México se ha multiplicado. Hoy, uno de cada cuatro hogares está encabezado por una mujer, más de siete millones en el país.

Algunos datos provenientes del seminario "De las realidades laborales de las mujeres al trabajo digno", en el que participaron mujeres de organizaciones como el Frente Auténtico del Trabajo y la Red de Mujeres Sindicalistas, muestran que en México las mujeres reciben un 30% menos de salario que los hombres, sobre todo cuando se trabaja en la agricultura, la industria, el comercio y el hogar.

Las mujeres que trabajan en este país lo hacen durante jornadas más largas que los hombres, pues pueden prolongarse hasta 12 horas diarias, sin contar el trabajo necesario en el hogar.

El salario de las mujeres trabajadoras en México es en promedio entre uno y dos salarios mínimos, lo que equivale a poco más de 3 500 pesos al mes.

El porcentaje de mujeres que trabajan en México ha aumentado en los últimos años, alcanzando poco más del 40% de los trabajadores. Las trabajadoras mexicanas enfrentan las peores condiciones laborales; la tercera parte de ellas lo hace en el sector informal, sin prestaciones de ningún tipo y con salarios bajos.

Las formas de contratación laboral que prevalecen, que bien pueden considerarse violatorias al derecho al trabajo, impiden el acceso a un número creciente de trabajadoras mexicanas a la seguridad social.

Se estima que más de 10 millones de trabajadoras en México no tienen acceso a servicios de salud.

De acuerdo con datos de la Confederación Nacional Campesina, en el campo mexicano 12 millones de mujeres sobreviven en condiciones de pobreza. El 84% de esas mujeres no tiene acceso a la tierra y el 87% no tiene ninguna remuneración.

La Encuesta Nacional de Ocupación y Empleo revela que más de 200 000 mujeres entre 14 y 29 años de edad son el principal sustento de su familia. La mayoría de ellas es madre de por lo menos un hijo.

De acuerdo con un estudio realizado por la Universidad de Boston y el Instituto Silente Spring de Massachusetts, algunos productos de limpieza y aromatizantes aumentan el riesgo de cáncer de mama, según la comparación de resultados entre las más de 700 mujeres pacientes de cáncer entrevistadas por un grupo de investigadores de ambas instituciones.

Al ser entrevistada por la prensa nacional en su visita a México, Antonieta García de León Álvarez, profesora emérita de la Universidad Complutense de Madrid y estudiosa de los temas de género, afirmó: "Existe una violencia estética de género que exige a las mujeres, de forma discriminatoria respecto a los hombres, estar más guapas y jóvenes, y para ello deben invertir muchísimo tiempo".

Margarita Guille Tamayo, directora general de la Red Nacional de Refugios, denunció que las amenazas por arma de fuego hacia mujeres que sufren violencia en el hogar aumentaron en 30%. Los agresores más frecuentes, hombres armados, son policías y militares.

Notas sobre feminicidio en México

La cruda realidad del feminicidio no ha cesado, mantiene su cuota de muerte y de impunidad. Esta negra historia comenzó al inicio de la década de los noventa del siglo pasado, cuando aparecieron las primeras mujeres asesinadas en Lomas de Poleo, al oriente de esa ciudad fronteriza. Desde entonces los crímenes de género se perpetran en Ciudad Juárez, al abrigo de la incapacidad de las autoridades para investigar.

Desde hace años, estos crímenes son parte de la violencia que se vive en esa frontera, donde las ejecuciones, la extorsión y el secuestro atentan de manera cotidiana contra la seguridad pública.

Hasta el mes de noviembre, sólo en el año 2010, fueron asesinadas en Ciudad Juárez 177 mujeres y nadie sabe cuántas desparecieron en ese lapso. Distintas organizaciones no gubernamentales consideran que en esos 11 meses hubo por lo menos 24 casos de mujeres desaparecidas. Todo ello resultado de un conocido patrón de impunidad.

Pero Ciudad Juárez no es el único sitio donde se perpetran cada vez con mayor frecuencia crímenes que por sus características pueden ser considerados como feminicidios. Durante 2010, en el Estado de México se registraron 146 de estos crímenes. En Guanajuato se lleva el registro de 31 homicidios de mujeres cometidos sólo en diez meses.

A lo largo de 2009, en el Distrito Federal se cometieron 92 homicidios donde las víctimas fueron mujeres. La tercera parte de ellas murió en su propia casa, en un contexto de violencia doméstica.

En el estado de Morelos la violencia en contra de las mujeres sigue en ascenso. De acuerdo con información de la Comisión Independiente de Derechos Humanos, desde 2003 el registro de homicidios donde las víctimas son mujeres incrementó debido a la impunidad; es decir, si el año pasado se sumaron 40 feminicidios, en lo que va de 2010 hay que lamentar ya el asesinato de 40 mujeres.

La violencia por efecto del narcotráfico ha cobrado un alto número de víctimas del sexo femenino. De acuerdo a datos de la SEDENA, el porcentaje de mujeres asesinadas por el narco aumentó en un 6% en relación al año anterior. El CISEN estima que poco menos del 2% de las personas ejecutadas en México son mujeres.

En los últimos tres años, el número de mujeres asesinadas por el crimen organizado se multiplicó 600%. Si en octubre de 2007 esa cifra era de 93, en el 2010 fue de 650 casos.

Ésta es la realidad del feminicidio en México... donde la muerte violenta acecha a las mujeres y donde la mayoría de los criminales permanecen impunes.

Romper el silencio

La violencia doméstica se expresa de las más diversas maneras: la sordidez de la violencia sicológica, el drama de los golpes y los insultos, la crueldad del abuso físico.

Estos testimonios de mujeres que han logrado romper con el círculo opresivo de la violencia doméstica exponen el drama de esa realidad, también la posibilidad de romper con las más crueles ataduras y alzar la voz. Basta con eso, con alzar la voz y dejar atrás al agresor.

> Carmen: Todos los días me decía: «no vales nada, eres muy fea, una flaca sin chiste». Todo eso me lo decía. Me repetía que no valía nada. Se sufre mucho, al principio no te interesa demasiado, pero cuando te lo repiten tantas veces, llegas a pensar que así es.

> Silvia: Viví con un hombre muy celoso, posesivo y controlador; llegó el momento en donde no me dejaba hacer nada. Me anuló por completo, eran tan grandes sus celos y su inseguridad que no quería que me desarrollara profesional, ni socialmente. Todo el tiempo me acosaba, me contaba los minutos que tardaba en ir de la casa al trabajo y viceversa. Me llamaba por teléfono sólo para ver qué estaba haciendo y con quién estaba. Todo el tiempo dudaba de mí y eso me generó una gran decepción. También me generó vivir como en una cápsula de cristal, aislada de todo el mundo, sentirme cada día más sola, llena de miedos por sus amenazas, por su control.

Liliana: Lo primero fue darme cuenta de que el espacio donde vivíamos no es propio, que es del otro, que tú eres un mueble más, una pertenencia más. Esa violencia significó el acabose, la pérdida de la dignidad, de las ganas de vivir, del disfrutar a los hijos, del disfrutar la vida. ¿Qué puede significar la violencia en el hogar? No lo sé, sólo la vives. Esa violencia se sufre en silencio y en soledad porque es algo que no te quieres contar a ti misma, mucho menos a los demás, a la familia, a los amigos, a los hijos, quienes muchas veces son testigos mudos de esa realidad.

Guadalupe: Para mí esa violencia significó la no consolidación de mi familia. El tipo de violencia que viví fue sicológica, a través de gritos, de muchas formas de discriminación. Sufrí un constante acoso de todo tipo, mi esposo tiene una personalidad que provoca que la familia no se integre, niega la comunicación. Llegó un momento en el que todos peleábamos en mi casa, peleaban mis hijos entre ellos, peleaban conmigo y no sabíamos por qué pasaba esto. La violencia sicológica es muy difícil de detectar, primero creíamos que éramos nosotros. La familia se enferma y se desmorona lentamente. Cuando se vive la violencia, el dolor es muy fuerte, un dolor que se vive al interior de la familia, porque es algo de lo que no se puede hablar. La violencia es algo que a la vez es muy escandaloso, por los gritos, por las discusiones, por el llanto, y es silencioso porque se trata de ocultar, primero por vergüenza; después, el agresor quiere ocultar lo que pasa a como dé lugar.

RENATA: Todavía sufro los efectos de la violencia económica y sicológica, ya pude romper con la violencia física. Prácticamente sufrí todas las formas de violencia. Esta violencia significó el darme cuenta de que la persona con la que me había casado no era a quien conocí entonces. En cuanto hablábamos de temas importantes de nuestra economía, del ambiente familiar, empezaba la violencia: de verbal pasó a física. Nos llegamos a separar, porque empezó su infidelidad. Después de esta violencia aparece la sicológica, la emocional. He tenido que defender a mis hijos, quienes me fueron retirados por una sustracción ilegal, también he tenido que defender mis bienes.

LILIANA: Para empezar, casi te linchan por querer denunciar, te exigen conciliar, cuando es imposible, cuando no puedes hacerlo. Te dejan sola, los ministerios públicos son unos corruptos, son misóginos, todo lo que te dicen es: «señora llévense bien, no es difícil», te dejan sola. Al final a todas nos determinan el no ejercicio de la acción penal en contra del agresor, porque no ibas lo suficientemente golpeada, porque ya no vivías con él, por lo que quieras. Al final, eres muy mala porque no quisiste conciliar, y él termina siendo exonerado por ser hombre.

LILIANA: Con lo que hay que romper es con el silencio, hay que dejarse de penas, hay que admitir primero ante uno mismo y después ante los demás que sufres violencia, que necesitas ayuda y compañía para poder denunciarlo. Necesitas romper con el silencio.

GUADALUPE: Primero no sabíamos ni por qué nos decíamos unos a otros me quiero ir de aquí, hasta que pude darme cuenta de que estaba viviendo violencia intrafamiliar. Tú asocias lo que te pasa con la depresión, quizá con que no funcionas bien como persona. Lo asocias con los problemas económicos, pero en el fondo de ti misma sabes que hay alguien que provoca todo eso.

CARMEN: Como te dicen una y otra vez que nadie te va a creer lo que vives, resulta difícil hacer algo, afortunadamente desperté a tiempo, me cayó el veinte y encontré que hay gente que me puede ayudar, gente que creyó lo que decía.

GUADALUPE: Lo primero que hay que romper es el silencio, rompí con el silencio al interior de mi familia. Hablé sobre el origen de nuestros problemas, la violencia a la que estábamos sometidos, es una lucha que lleva ya varios años, llevó siete años tratando de lograr que esa violencia, sobre todo sicológica, se visibilice. Hasta ahora he logrado que mis hijos recuperen su salud, mis hijos están tratando de ser personas que no reproduzcan la violencia. Después de romper con mis propias barreras rompí con el silencio a nivel social, generalmente tratas de ocultar el problema, de disculpar al agresor, pero llega un momento en que ya no se puede, en que se tiene que hablar, reconocer que la violencia está presente y destruyendo a la familia.

Todos somos protagonistas de la violencia doméstica

Verónica Navarro ha desarrollado durante años una labor de verdadero acompañamiento de las mujeres que han sufrido violencia doméstica en MAM (Mujeres Aportando a Mujeres). Gracias a esa labor, muchas mujeres han logrado romper con esa realidad, cruel efecto de la discriminación.

—¿A veces pensamos que los agredidos son otros, que son otros quienes sufren la violencia doméstica?

Verónica Navarro: Aquí en MAM pensamos que la violencia es un problema que nos incumbe a todos. Todos hemos tenido contacto con la violencia desde posiciones distintas; por ejemplo, yo he amado a alguien que es generador de violencia: mi padre, mi tío, mi hermano. A lo mejor yo me puedo posicionar en la violencia como un testigo; nunca la recibí directamente, cuando mi madre la sufrió o tal vez cuando mi tía fue golpeada. Entonces, de una forma o de otra, todos somos protagonistas de esta expresión de violencia. Esta violencia es algo que está muy cerca de todos nosotros, por lo tanto es un problema que nos concierne a todos.

—¿Ha aumentado la violencia doméstica, la violencia intrafamiliar, en una época donde por distintos motivos sufrimos una clara degradación social?

vn: Sí, la violencia es un ejercicio de poder, en la medida en que vivimos en una sociedad que es cada vez más desigual, estamos hablando de desigualdades económicas, políticas, sociales, la violencia se incrementa en quienes sufren mayormente esta desigualdad.

—Cada caso de una mujer violentada resulta grave, pero quizá haya algunos casos que representan una circunstancia en especial preocupante...

vn: Los casos de violencia más cruenta hoy son los casos que protagonizan los narcotraficantes con sus esposas. Esto se ha estudiado poco. Poco sabemos qué repercusión tiene en las mujeres el fenómeno del narcotráfico, cómo ha repercutido en su vida cotidiana. Nosotros hemos recibido casos gravísimos, de violencia muy cruel. Mujeres a las que *encajuelan*, mujeres a las que los narcos las obligaron a presenciar ejecuciones. Hemos recibido mujeres con los huesos rotos, víctimas de golpizas. Los casos más cruentos siempre son a manos de policías y, desafortunadamente, de estos miembros del narcotráfico.

—En ocasiones se ven campañas de televisión, llamadas a la denuncia, en fin... ¿son eficaces estas campañas?

vn: Eso nos preocupa mucho; desde el gobierno hay una campaña en la que se invita a las mujeres a denunciar, por lo que las mujeres creemos que tenemos el derecho de ir a las autoridades, a los ministerios públicos y denunciar la violencia. Pero lo que ocurre es que cuando denunciamos, es cuando mayor peligro corremos. En ocasiones se nos deja en un estado de indefensión absoluta, de peligro físico real, tan real que se puede perder la vida. Dentro de las procuradurías también funciona el ejercicio del poder. Nuestra experiencia ha sido que cuando la mujer denuncia y acude a los ministerios públicos, ellos apoyan a quien detenta el poder, en este caso a los hombres agresores.

—A pesar de todo hay alternativas que se van construyendo por parte de la sociedad civil ante la realidad de la violencia doméstica, como MAM...

VN: Nosotros creemos que las mujeres tienen sus propias fortalezas, tienen las capacidades para salir adelante; MAM no es más que un espacio de acompañamiento, simplemente acompañamos a estas mujeres, a nosotras mismas a poder lograr una vida libre de violencia, basada en el buen trato y el respeto. Esto se puede lograr, desafortunadamente se requiere un acompañamiento de largo plazo; para salir de la violencia, en todos los países del mundo, se requieren más de 14 años en promedio. Otra gran deficiencia de los programas gubernamentales, de las agencias gubernamentales, es que sólo te dan seis meses de acompañamiento. Nosotros hemos visto que este acompañamiento tiene que ser de largo alcance. Cuando este acompañamiento ocurre, las mujeres logramos reconstruir nuestras vidas. En el ejercicio pleno de nuestros derechos logramos tener vidas personales, familiares y comunitarias, felices.

Una decisión difícil

En 16 entidades del país el aborto es sancionado penalmente, pero pese a las políticas restrictivas el número de abortos clandestinos realizados en México se ha incrementado. Sólo en 2006, 149 000 mujeres fueron hospitalizadas por complicaciones posteriores a la práctica de un aborto.

Éstos son testimonios de mujeres que han abortado. Cada una de ellas tomó la difícil decisión ante tres distintas situaciones: la salud minada por una enfermedad crónica, la necesidad de mantener un proyecto de vida que puede verse truncado y la amenaza de la violencia como un cruel método para provocar un aborto.

TESTIMONIO: Lo que pasa es que yo tengo una enfermedad: distrofia muscular, me iba desgastar más, a sufrir mucho, y el producto iba a nacer con esa enfermedad. Me puse triste porque quería tener al bebé, como mujer, como niña que soy, apenas tengo 16 años, fue muy difícil tomar esa decisión. Pienso que si vas a tener un bebé, es necesario que tengas un lugar que ofrecerle, que nazca sano, que tenga un padre al lado, desgraciadamente mi pareja no me apoyó, me dejó con el paquete a mi sola, a mí y a mi familia.

TESTIMONIO: Fue una decisión muy difícil porque en esa situación, en ese momento, estaba sola, no tenía el apoyo de la otra persona, sólo el de mis amigos y familiares, simplemente él decía que no era una buena decisión, insistía en que interrumpiera el embarazo.

Yo no sabía cuál era la mejor decisión, tanto por las cosas que me decía mi familia, como por los temores que te infunde la Iglesia, todo eso de que vas a terminar ya sabes donde. Al final sé que tomé la mejor decisión. No he dejado de hacer lo que tenía que hacer, sigo estudiando, hago mi vida. He visto muchos casos de personas, que dejan de lado su vida, sus proyectos nunca se realizan, se van abajo por la responsabilidad de tener un bebé cuando no es el momento adecuado.

Ella decidió interrumpir su embarazo para salvar su vida y la de sus tres hijos... el desenlace de una historia de violencia intrafamiliar puede ser fatal.

Testimonio: En mi caso fue muy difícil porque sufro de violencia intrafamiliar, desde que él se enteró que venía otro bebé en camino me dijo que me deshiciera de él. No sabía que hacer, tenía mucho miedo a hacerlo, pero al final no tuve otra salida y tomé la decisión.

En el primer trimestre de este año, la violencia intrafamiliar se mantuvo al alza. La mayoría de las víctimas fueron mujeres; y sus victimarios, en 98% de los casos, sus esposos.

Testimonio: Fue muy difícil, me da miedo pensar que de no haberme decidido a hacerlo, mi esposo se hubiera atrevido a golpearme en el vientre. Quizá hubiera tenido más problemas de salud, la verdad me fue muy difícil. Además, tenemos muchos problemas económicos, él no está trabajando muy bien que digamos, vamos al día, tengo tres hijos, de haberlo tenido hubiera sido el cuarto, no sé lo que hubiéramos hecho para mantenerlos.

En ocasiones, la decisión de un aborto preserva el futuro, el proyecto de vida.

> Testimonio: Al final me llegó a pesar tanto lo que decía la gente, lo que me decían todos, que decidí tener al bebé y afrontar todas las consecuencias, pero por cuestiones de salud simplemente no se pudo. Entonces tuve que interrumpir el embarazo. Tengo que reconocer que esa decisión cambió mi vida, todos tenemos un proyecto de vida, sueños y metas, sobre todo cuando se es joven, entonces de pronto llega esta situación de embarazo y te das cuenta de que tienes que modificar todo, planear de nuevo tu vida, a veces, como lo fue en mi caso, sola. Al final ejercí el derecho de decidir sobre lo que quería para mí misma.

La maternidad en las adolescentes se multiplica. Vidas que pueden verse truncadas. Las consecuencias pueden ser fatales. Los embarazos en adolescentes son considerados de alto riesgo. Las muertes de las jóvenes madres van en aumento.

> Testimonio 1: La situación que vivimos es muy difícil, niños estamos teniendo niños. Desgraciadamente no hay suficiente información para nosotros. Me dolió mucho, fue una decisión muy fuerte, pero al final

lo tuve que hacer. Ya llegará el tiempo de tener hijos, cuando termine una carrera, cuando tenga algo que ofrecerle a un hijo, cuando tenga un compañero, porque un bebé necesita de su papá, eso es lo ideal para una familia.

Nadie toma con alegría la decisión de abortar. Una decisión extrema. En la ciudad de México 34 660 mujeres han decidido interrumpir su embarazo después de que el 24 de abril del año 2007 se reformó el Código Penal, además de ofrecer a las mujeres garantías y servicios de salud para la interrupción legal del embarazo.

Católicas por el derecho a decidir ofrece apoyo de todo tipo para las mujeres que enfrentan la que quizá sea la más difícil decisión de su vida. Flor Alegría trabaja en esa organización.

"Nosotras estamos por el respeto a la libertad de conciencia, el que nosotras como mujeres decidimos en nuestro interior, en lo más íntimo y secreto de nuestros pensamientos lo que es mejor para mí, en un momento determinado. En esta situación se plantean los dilemas de interrupción del embarazo. Legalizar el aborto tiene beneficios, por ejemplo en la cuestión de salud, en el respeto a la toma de decisiones personales, en el respeto que se da en un estado laico en un marco de democracia donde todas las decisiones son respetadas".

En los últimos tres años, congresos de 16 estados del país han modificado sus constituciones locales con el propósito de incluir severas sanciones para las mujeres que aborten. Entre estos estados se puede mencionar a Baja California Norte, Colima, Durango, Sonora, Jalisco y Guanajuato.

En Guanajuato se desató la polémica; el aborto considerado como un delito fue la causa de que varias mujeres fueran encarceladas. Ángeles López, del Centro de Derechos Humanos Victoria Diez, cuya sede se encuentra en la ciudad de León, apunta con firmeza: "Lo primero que hay que decir es que la maternidad libre y voluntaria es un derecho consagrado en la Constitución, donde se establece en el artículo cuarto que todas las personas tenemos derecho a decidir sobre el número y espaciamiento de nuestra descendencia".

Se dice que nadie aborta con alegría en el corazón.

Voces de la isla

El amargo pan de cada día de las mujeres que se encuentran en las prisiones del país tiene el sabor del abandono, de la exclusión. El Programa Universitario de Estudios de Género de la UNAM llevó a cabo una investigación sobre las mujeres en prisión. El principal derecho violado a estas mujeres es el derecho a una vida digna.

Marisa Belausteguigoitia, directora del Programa Universitario de Estudios de Género de la UNAM, al hablar sobre la investigación realizada en el reclusorio femenil de Santa Martha Acatitla, dijo al ser entrevistada por la prensa: "A las mujeres encarceladas dejan de visitarlas sus familiares, en especial el marido. Son olvidadas, denostadas, aunque ellas dentro de la cárcel produzcan dinero para mantener a la familia que está afuera".

El de las Islas Marías es un penal mítico, en la María Madre se encuentra el albergue femenil, donde un grupo de mujeres ven pasar el tiempo con resignación. Las abruma la soledad.

Marta: El día más difícil de la condena es el de hoy. Un día como todos, el hoy del encierro, que parece nunca se va a terminar.

Margarita: Aquí no podemos hablar, nosotros nos quedamos y usted se va. No podemos decir nada de lo que nos pasa.

Marta: La vida aquí es más llevadera que en otros penales, dentro de lo que cabe se vive bien, aunque hace falta la familia. No he visto a mis hijos en diez años, el tiempo que tengo presa, nada más he hablado con ellos por teléfono.

Griselda: Vengo de Michoacán, me trasladaron de Saltillo. La isla me gusta mucho, pero como dice la compañera se extraña a la familia. Uno lo que quisiera es salir de esto y tratar de sacar adelante a la familia.

Martha: Nos trajeron en Avión, la verdad está muy bien, yo me imaginaba a la isla de otra manera, pero es muy bonito.

Griselda: Extraño a mi familia, mis hijos se me desviaron, unos se me fueron para un lado otros para otro, pero gracias a Dios estamos aquí, tratando de echarle ganas para salir.

Margarita: Aquí se rehabilita la que quiere. Es fácil obedecer, no aventarse a los vicios.

Marta: En el albergue femenil nos levantamos a las cinco y media de la mañana, pasamos nuestra lista y nos vamos a la melga, el trabajo que tenemos. Por ejemplo, nosotros trabajamos en el camión escolar, cuidamos a los niños. De regreso hacemos nuestros quehaceres en nuestros cuartos y la limpieza del femenil. Para mí lo más difícil es la levantada, lo demás como quiera lo vamos llevando.

GRISELDA: Lo que más he extrañado son mis hijos, hubo un tiempo en que me deprimí mucho, estuve enferma, sufro de la presión arterial, pero gracias a Dios aquí aprendí la palabra del Señor y gracias a Dios he podido salir adelante. Echo mucho de menos a mi familia, me hacen mucha falta. Vienen cada año a visitarme, aunque me mandan dinero y ropa eso no es todo. Me siento muy sola.

GRISELDA: Me vine con mi esposo y hace un año cinco meses lo perdí, murió aquí. Quería que se lo llevaran, pero su familia no quiso hacerse responsable y pues aquí quedó. Cuando salga de aquí, quiero ir con mis padres, recibir su apoyo. Mi papá, vive en Estados Unidos, mi mamá en Michoacán. Quiero sacar a mis hijos adelante, ojalá y los pueda reunir otra vez, aunque ya son muchos años, ya pasaron siete años y he estado muy lejos de ellos.

MARTHA: Es difícil pensar lo que pasará al irme de aquí. Va ser como volver a empezar porque ya no tenemos casa, ya no tenemos nada de lo que dejamos. Los hijos ya están casados y no me van a querer recibir en su casa.

MARGARITA: Si algún día regresamos, vamos a tener que empezar desde abajo, vamos a tener que trabajar mucho. Tengo tres hijos casados y dos chiquitos de nueve y once años. Voy a tener que trabajar por ellos.

III

Una radiografía del trabajo en el hogar

1. **Discriminación sistemática:** Los derechos laborales de las trabajadoras y trabajadores del hogar son violados, lejos de las mínimas condiciones establecidas en la ley, sin prestación alguna, con largas y extenuantes jornadas de trabajo, más de un millón de personas, las trabajadoras y trabajadores del hogar mexicanos sufren una verdadera esclavitud, que implica la negación del derecho fundamental a una vida digna.
2. **No hay contrato, no hay derecho:** Los acuerdos con los patrones, los empleadores en su abrumadora mayoría son de palabra. Un acuerdo establecido con las ventajas que proporciona la condición económica y social preponderante, donde no se establecen condiciones de trabajo y todo queda fijado por la subjetividad, por la buena o la mala voluntad del empleador. No hay límites en cuanto a las funciones a realizar, tampoco horarios. El trabajo desempeñado, aunque en ocasiones implique el delicado cuidado de niños o de personas de la tercera edad, socialmente es considerado inferior por lo que se le asignan las más bajas remuneraciones. Si el trabajo en el hogar se realiza en la modalidad considerada "de

planta", implica interminables jornadas, la permanente disposición y condiciones de vida de precariedad en cuanto a la alimentación y la habitación asignadas al "personal de servicio". Si es de "entrada" por "salida", los compromisos del patrón son todavía menores, lo mismo que el salario, de seguro menor al mínimo establecido por la ley para cualquier trabajador.

3. **Datos para el perfil de las trabajadoras del hogar**: Una quinta parte de las trabajadoras del hogar son la cabeza de su propio hogar. Una quinta parte se declaró compañera del jefe de su hogar y poco más de la cuarta parte sigue siendo integrante de una familia.

    Una tercera parte de las trabajadoras del hogar sólo terminó la primaria. El 16% no asistió a la escuela y poco más del 27% desertó de la educación formal en primaria.

    El 75% de las trabajadoras del hogar se encuentra en un rango de edad entre los 20 y los 50 años. Las menores de 20 años suman el 20%. Las mayores de cincuenta son el 15%.

    Sólo una de cada 100 trabajadoras del hogar cuenta con seguridad social.

    Sólo el 13% de las trabajadoras del hogar gana más de dos salarios mínimos por jornada de trabajo. En contraste, el 40% gana menos de un salario mínimo.

    Todo ello de acuerdo a datos de la Encuesta Nacional de Empleo 2002.

4. **Las causas de la discriminación**: Las trabajadoras domésticas con frecuencia pertenecen a comunidades indígenas, algunas de ellas no hablan español con faci-

lidad. Su empleo es considerado inferior socialmente. El lugar donde trabajan carece de visibilidad pública, lo que permite la vulnerabilidad y la total desprotección.

5. **El trabajo del hogar está feminizado**: De acuerdo con datos del INEGI, del 1.78 millones de personas dedicadas al trabajo en el hogar nueve de cada diez son mujeres. Existe una fuerte concentración de mujeres indígenas dedicadas al trabajo en el hogar.

6. **Los empleadores tienen la palabra**: De acuerdo a cifras del INEGI, en México un poco más de un millón de hogares adquieren los servicios de las trabajadoras del hogar. De acuerdo al Centro de Apoyo y Capacitación para Empleados del Hogar, las trabajadoras reciben un salario entre 60 y 80 pesos diarios, si son externas, y de dos mil pesos mensuales si viven en casa del empleador. Salarios de hambre. El pago justo, calculado por el Centro de Apoyo y Capacitación para Empleados del Hogar, debería de ser de 250 pesos diarios para las trabajadoras externas y de seis mil pesos mensuales para las llamadas de planta.

7. **Trata de personas y acoso**: Viejos patrones culturales, provenientes de la época de la Colonia, justifican el que niñas indígenas sean apartadas de sus comunidades en Oaxaca, Guerrero o Chiapas, o de cualquiera de los estados del continente de la pobreza, para llevarlas a trabajar a distintas ciudades. Solas, sin las herramientas necesarias para enfrentar una nueva realidad social y cultural son víctimas de distintas formas de opresión y acoso. Para empezar, a muchas de ellas se les obliga a despojarse de su identidad y se les asigna un uniforme

para ubicarlas en el nuevo contexto de la vida que les espera, donde la discriminación es sistemática y sigue un ancestral patrón cultural de opresión.

8. **Un oficio solitario:** 67% de las mujeres que se ganan la vida como trabajadoras del hogar carecen de pareja. En otro plano no existen sindicatos, ni organizaciones de ningún tipo que agrupen a estas trabajadoras.

IV

Infancia en crisis

La infancia, hay que decirlo, representa el futuro... un futuro que de acuerdo a las condiciones elementales de vida, como la salud, la vivienda y la educación, hoy se encuentra en riesgo por las muchas carencias que enfrentan los niños en nuestro país. Un país abatido por la pobreza y la inequidad.

El primer derecho que se niega a los niños es el de participar y decidir. Si en el contexto de la familia se les limita en cuanto a su reconocimiento como seres independientes, las políticas públicas de los distintos niveles de gobierno carecen de un enfoque transversal de los derechos de la infancia.

A partir de indicadores como las condiciones de vivienda, salud y educación, puede presentarse un diagnóstico de la realidad social y económica en la que viven más de 38 millones de personas en México, cuyas edades fluctúan entre los días de nacidos y los 17 años. Más del 38% de menores de edad carece del servicio de agua en el interior de su vivienda y poco más del 7% de los menores entre los 12 y los 17 años no asiste a la escuela, ni trabaja.

El grado de desarrollo de una determinada sociedad puede medirse por la calidad de vida que presentan los grupos que se consideran más vulnerables dentro de ella, como sin duda lo son los niños. En México, los índices de los derechos de la infancia en cuanto a rubros elementales y básicos como la alimentación, la vivienda, la educación y la salud enfrentan un grave atraso.

Cuando se habla de infancia y menores de edad se habla de una realidad diversa y heterodoxa. Quienes aparecen con menos frecuencia en las estadísticas de población y en los programas de atención de las instituciones son los adolescentes. El extremo de ese olvido encuentra una dramática constancia numérica. De acuerdo a distintas estimaciones, más de tres millones de menores cuya edad fluctúa entre los 12 y los 17 años, no trabaja ni asiste a la escuela.

El futuro para millones de nuestros jóvenes parece cercado, no ofrece opciones de prosperidad a través de la escuela o del trabajo. Tras de esta realidad se asoman las carencias de nuestro sistema educativo, por ejemplo, exhibidas en los exámenes aplicados para la Evaluación Nacional del Logro Académico (Enlace) en 2007. El 80% de estudiantes de sexto año en el país registró logros insuficientes en el examen de español. Las entidades con mayores deficiencias, de acuerdo a estimaciones realizadas a partir de los resultados de Enlace ese año fueron: Tabasco, Chihuahua, Baja California, Guerrero y Guanajuato. Los logros son también insuficientes en matemáticas para el 82% de los estudiantes de sexto año de primaria.

Pero si, de acuerdo a estos índices de aprovechamiento académico, un futuro de trabajo y prosperidad está en riesgo, la realidad de un presente difícil sin lo mínimo necesario para la subsistencia es el amargo pan de cada día para muchos niños en nuestro país. Más del 60% de los mexicanos cuyas edades fluctúan entre los 0 y los 17 años no son derechohabientes de ningún servicio de salud.

Por otro lado, la desnutrición afecta a decenas de miles de niños. Más del 19% de los menores mexicanos cuyas edades están entre los 0 y los 14 años vive en municipios que se consideran de alto riesgo nutricional.

Entre los derechos de los niños está el de una vida libre de violencia. De a cuerdo a datos de Inmujeres, sólo durante 2004 se comprobaron 3 917 casos de maltrato infantil, de acuerdo con las denuncias presentadas ante el Ministerio Público en todo el país.

El abuso y maltrato infantil representan una cruel realidad cuyos casos se multiplican. Si en 2006 se recibieron en Locatel 257 llamadas denunciando estos abusos en la ciudad de México, sólo en los primeros seis meses del 2007 se habían registrado 894 llamadas, lo que representó para entonces un incremento de más del 30%. La violencia acecha a los niños.

Una dinámica social cada vez más compleja enfrenta a los menores de edad a situaciones como el suicidio, las adicciones, la explotación sexual y la discriminación. La vulnerabilidad de los niños, las carencias de lo más elemental deriva en realidades que provienen del escaso respeto a sus derechos, de la pobreza en que muchos de ellos se encuentran.

Las adicciones son una cruda realidad para muchos menores en el país. La disponibilidad de las drogas se extiende por miles de puntos de venta. Según datos de los Centros de Integración Juvenil, la edad de inicio en el consumo de drogas es cada vez menor.

En el último escalón de la pirámide social se encuentra la población "callejera". Los niños que se encuentran en la calle, quienes han logrado sobrevivir forman ahora un vasto núcleo de población urbana.

Las denuncias de intentos de limpieza social de los menores de edad que ocupan espacios donde han logrado sobrevivir son recurrentes en la ciudad de México y otras ciudades del país.

Hay que insistir, el desarrollo de una sociedad se puede medir por las condiciones de vida, la salud, la educación, la alimentación... de quienes son los más vulnerables en ella, los viejos, las mujeres... y los niños.

La generación de los excluidos

Los jóvenes en México, quienes andan por la vida entre los 12 y 29 años, la tercera parte de la población del país, más de treinta millones de mexicanos, viven un difícil presente asediados por la falta de espacios para su desarrollo pleno. Ahí están los datos, por lo menos cuatro millones de esos jóvenes no estudian y tampoco trabajan. Pero lo peor para la mediáticamente llamada generación de los *Ni... ni...* es el futuro, la incertidumbre de lo que ocurrirá con el paso de los años.

El más cruel de los efectos del choque entre la animosidad y el gusto por la vida, inherente a los jóvenes, con una realidad social que los excluye es el suicidio.

"Eso es muy preocupante, nos habla de lo desesperanzados que viven los jóvenes hoy en día. De 1970 a 2007 los suicidios aumentaron en un 270% en México y el aumento más importante se da entre los jóvenes", dice Corina Benjet, investigadora del Instituto Nacional de Siquiatría.

Los más afectados, donde se registra el mayor número de intentos de suicidios consumados sucedió entre quienes tenían 15 y 24 años de edad.

—¿Qué posibles patologías se presentan en los adolescentes que intentan suicidarse, qué patologías en el plano social?

Hemos visto que las tasas de enfermedades sociales son más elevadas en la población joven actual comparada con la de sus papás o sus abuelos. Hay un mayor uso de sustancias, una mayor problemática emocional. Hay más depresiones, se presentan trastornos de ansiedad, de impulsividad, de hiperactividad. Todos estos trastornos están relacionados generalmente con el suicidio.

Para los jóvenes de otra época, la escuela representaba la posibilidad de fincar la esperanza de una vida mejor, tal vez del ascenso social, de la realización personal... hoy es diferente, se vive con la certeza de que los estudios pueden truncarse. Para el actual año escolar sólo el 8% de los más de 114 000 aspirantes para ingresar a la Universidad Nacional Autónoma de México encontró un lugar en sus aulas.

Las causas del elevado rechazo escolar son económicas y sociales. Esas causas se recrudecen en países acechados por la pobreza. A principios del 2010, la UNESCO presentó el informe *Seguimiento de la educación para todos en el mundo*. En las páginas de ese documento se señala: "Millones de niños y jóvenes de los países pobres del mundo corren el riesgo de verse privados de escuela a consecuencia de la crisis financiera mundial".

De acuerdo con datos de la Encuesta Nacional de Juventud, realizada por el Consejo Nacional de Población, 42% de los jóvenes mexicanos dejó de estudiar por la necesidad de trabajar.

Pero los jóvenes que van a la escuela se preparan, permanecen en las aulas, siguen adelante, lo hacen convencidos de que quizá jamás puedan desarrollarse profesionalmente. Médicos que saben que pueden ser taxistas; filósofos, vendedores de seguros; ingenieros, cajeros de banco... Dice Aurora Loyo, investigadora del Instituto de Investigaciones Sociales de la UNAM:

Tenemos una situación que no se debe nada más a factores socioeconómicos sino también educativos. Desde una perspectiva económica, ahora hay muchas posibilidades de que los jóvenes estudien. Por otra parte, hay muchas más escuelas, pero no se trata sólo de eso, se trata de que la escuela les interese, de que se dediquen sólo a estudiar

Al terminar el ciclo de secundaria, preparatoria, incluso de la licenciatura, los jóvenes deben estar convencidos de que eso los llevará a mejorar sus condiciones de vida. Si esto no se da, tenemos el aumento de niños y jóvenes que no van a la escuela o que desertan muy pronto de las aulas.

De acuerdo a la Encuesta Nacional de Juventud, poco más del 21% de quienes dejaron de estudiar lo hicieron entre los 12 y los 14 años de edad, cuando cursaban la secundaria. El 37% lo hizo en el siguiente escalón, abandonó sus estudios en el bachillerato, entre los 15 y los 17 años de edad.

La imagen corporal resulta determinante para los jóvenes, representa para ellos un pasaporte para el paraíso de la aceptación o para el infierno del rechazo. A la salud física de los jóvenes mexicanos la acecha lo mismo la obesidad que trastornos de la conducta alimentaria, como la anorexia y la bulimia.

"Para una parte significativa de la sociedad la figura delgada resulta un valor", reflexiona Cristina Morán Álvarez, investigadora de la Facultad de Medicina de la UNAM, quien Además piensa que:

Los valores tradicionales se han perdido, han cambiado, y los valores posmodernos son muy efímeros. La tecnología es uno de esos valores, la figura corporal es otro. Son valores que los jóvenes no pueden mantener por mucho tiempo y eso provoca que su autoestima se vea deteriorada.

La Encuesta Nacional de Salud y Nutrición, aplicada a 23 millones de adolescentes cuyas edades fluctúan entre los 10 y los 19 años de edad, reveló que más del 3% de ellos ha practicado una conducta alimentaria que se considera de riesgo para bajar de peso, ya sea imponiéndose dietas, con prácticas de vómito inducido o con la ingesta de medicamentos.

Parece que ese 3% es poco, pero son mucho más, sobre todo las mujeres jóvenes que se encuentran en riesgo de presentar algún trastorno alimentario. Ahí es donde las distintas instituciones tienen que trabajar. Al aumentar los problemas en las familias, al verse ante las pocas posibilidades que los jóvenes tienen de acceder al mercado laboral, de una realización personal, estos problemas aumentan. No hay que olvidar que ellos tratan de competir, de ser aceptados.

El incremento de las adicciones es una amenaza seria contra la salud de los jóvenes mexicanos. De acuerdo con la Encuesta Nacional de Adicciones, más de 280 000 adolescentes abusan del alcohol y son adictos a las metanfetaminas. El consumo de Ice, de Cristal, ha tenido un alza dramática en distintas regiones del país, como en las ciudades fronterizas de Tijuana y Ciudad Juárez.

La primera causa de muerte entre los jóvenes de 15 a 29 años es la de los accidentes de tránsito, según el Centro Nacional para la Prevención de Accidentes.

El año pasado el número de jóvenes en busca de una oportunidad de empleo se disparó. De acuerdo con datos del INEGI, más de un millón de los desempleados en el país hoy es menor de 30 años.

Muchos de los jóvenes que estudiaban o trabajaban, de pronto se encontraron en la calle. Por ejemplo, en 2009 más de doce millones de personas pasaron al trabajo informal, de seguro muchos de ellos fueron jóvenes.

> En cuanto al empleo los jóvenes enfrentan hoy tres serias adversidades, la primera tiene que ver con su propio esfuerzo y las oportunidades que propicia el entorno familiar, para muchos cada vez más limitadas. Lo segundo es la evidente incapacidad del estado para garantizar derechos como la educación y el empleo para ellos. Lo tercero, es el ambiente que no estimula a los jóvenes, una realidad social que los va disminuyendo, apocando, que reduce sus expectativas con respecto a su propio futuro.
>
> Carlos Rodríguez del Centro de Acción Laboral (Cereal).

Los trabajadores jóvenes son quienes ganan menos... de acuerdo con datos de la Encuesta Nacional de Juventud, más del 80% de ellos percibe por cada jornada de trabajo sólo tres salarios mínimos diarios. Por otra parte, las condiciones laborales para la mayoría de ellos son de lo más precarias, 78% no cuenta con contrato ni prestaciones de ninguna índole.

Sólo en ocho estados del país existen leyes que establecen de manera clara los derechos de los jóvenes. Lo cierto es que se trata de letra muerta, leyes ignoradas por todos, que a nadie preocupan.

"Los adultos no dimensionamos la importancia que tiene esta población. En términos demográficos la población del país que hoy tiene entre 0 y 29 años de edad representa la mitad de los mexicanos", dice María Eugenia Robles de la organización civil Servicios a la Juventud.

—¿Existen políticas publicas para los jóvenes?

Ésa es la problemática mayor que enfrentan los jóvenes en nuestro país, por supuesto, existen acciones que se proponen para ellos, pero no con la suficiente contundencia, con la suficiente relevancia que el nivel de población que tenemos requeriría.

Juan Martín Pérez, de la Red por los Derechos de la Infancia en México lo dice de manera muy clara:

Hay más instituciones, pero eso no significa una mayor institucionalidad. Por ejemplo, se puede decir que ahora tenemos un DIF Nacional, un DIF estatal y un DIF municipal, dedicados a la atención de los niños, los adolescentes y las familias, pero completamente desarticulados, sin presupuesto, sin capacidad jurídica para actuar. Insisto: sí hay instituciones dedicadas a los niños y los jóvenes, pero no hay institucionalidad.

Los periodistas hacemos preguntas... y una pregunta para la que hoy urgen muchas respuestas es: ¿qué podemos hacer para que los millones de jóvenes, a quienes esta sociedad ha llevado a la exclusión de no estudiar y tampoco trabajar, los de la llamada mediáticamente generación *Ni... ni...* encuentren cómo construir un futuro que sea mejor para ellos y nosotros los adultos?

V

El paso de los migrantes

Como cada año, a principios de enero, muchos mexicanos intentarán migrar al norte. De acuerdo con distintas fuentes de información, en los últimos seis años un promedio de quinientos mil mexicanos año con año han dejado su tierra y su familia en busca de mejores condiciones de vida. Van tras el verde sueño del dólar, un sueño que con frecuencia se torna en la peor de las pesadillas.

Lo que impulsa a medio millón de mexicanos a migrar es la falta de trabajo, los salarios al borde de la miseria. México se ha convertido en un país de migrantes.

Pero esta noche, tal vez mañana o cualquiera de estos días, otro migrante puede morir en su intento de cruzar la frontera. De acuerdo a información de la Comisión Nacional de Derechos Humanos, en los últimos 13 años han muerto más de cuatro mil mexicanos en la frontera norte.

En la región Sonora-Arizona se instala el más sofisticado equipo tecnológico con el propósito de detener el incesante flujo migratorio. La instalación de un muro virtual en la zona de Sonora-Arizona continúa la estrategia seguida por los gobiernos de Estados Unidos desde la instalación de la Operación Guardián en 1994: cerrar la frontera, limitar al máximo la migración indocumentada.

La guerra fría en contra de la amenaza comunista que por varias décadas mantuvo el gobierno de Estados Unidos y la guerra en contra del terrorismo, que hoy se vive en los más apartados confines del planeta, de alguna manera, hoy se concentra en la frontera de México con el despliegue de un mayor número de integrantes de la Border Patrol y la futura instauración de un muro kilométrico.

Discriminación: los migrantes son los primeros sospechosos. Sin que importen demasiado las aportaciones de su fuerza de trabajo tan barata para la economía más poderosa del mundo, son considerados como narcotraficantes y terroristas en potencia.

Existe información de que la estrategia que ha llevado a los migrantes por rutas en las que enfrentan un alto riesgo de perder la vida fue diseñada en lo que fue el Centro para Conflictos de Baja Intensidad del Departamento de Defensa del Gobierno de Estados Unidos. La Operación Guardián, implementada en 1994 en la frontera de Tijuana-San Diego, fue la punta de lanza de una estrategia que ha continuado a lo largo de los años y los diferentes gobiernos de Estados Unidos. Esta estrategia fue romper las rutas tradicionales de la migración, obligar a los migrantes a cruzar por el desierto y las montañas. ¿De cuánto es el negocio del tráfico de indocumentados a través del territorio mexicano? Un negocio en el que, según información de la PGR, participan por lo menos 100 organizaciones criminales, que controlan 35 rutas distintas y obtienen ganancias anuales de más de diez mil millones de dólares.

De acuerdo a información de la Patrulla Fronteriza, el costo para un mexicano que viaja al otro lado a través del desierto de la región de Tucson, es de mil a dos mil dólares. Para un inmigrante indocumentado venido del lejano oriente, un chino, ese costo puede incrementarse hasta llegar a los cuarenta mil dólares.

Los inmigrantes mexicanos en Estados Unidos hoy sufren distintas formas de persecución. El miedo a ser deportado, a verse separado de la familia, a perder más que el empleo un modo de vida ha trastornado la vida de millones de migrantes mexicanos. Lo mismo en Chicago, que en Los Ángeles, en las pequeñas ciudades de Georgia o en la frontera de Sonora y Arizona, hoy millones de migrantes indocumentados viven bajo el acecho de la implantación de leyes y ordenanzas que atentan contra sus derechos.

De acuerdo con un informe de la Conferencia Nacional de Legislaturas Estatales, los 50 estados de la Unión Americana han considerado 1 400 proyectos de ley y promulgado 170 leyes en 41 estados en torno a la realidad migratoria. La mayoría de estas leyes establece algún tipo de medida anti inmigrante.

Pero lo peor son las redadas. De a acuerdo con información del Servicio de Inmigración y Control de Aduanas de Estados Unidos, en 2008 fueron arrestados más de cinco mil inmigrantes considerados fugitivos. Diez veces más que el año anterior.

Tras de lo que resulta, hasta ahora, uno de los momentos más críticos para los millones de migrantes indocumentados de origen mexicano, también para los venidos de Honduras, Guatemala, El Salvador... hay una realidad demográfica. De acuerdo a los datos del Centro de Estudios de Inmigración del gobierno de Estados Unidos, en los últimos siete años han llegado a Estados Unidos 10.3 millones de inmigrantes. Se estima que la mitad de los mexicanos y centroamericanos que residen en Estados Unidos son migrantes indocumentados.

Hoy en día los mexicanos son los migrantes de menor ingreso en Estados Unidos. Según datos de fuentes como Current Population Survey, los migrantes mexicanos documentados o no representan el 5% de la fuerza de trabajo en Estados Unidos... y todos pagan impuestos.

Regreso sin gloria. Historias de repatriados en la frontera mexicana

Es de noche, una fría noche otoñal, la gente que camina por el puente mira a los hombres que vienen del otro lado: son repatriados, mexicanos. Han hecho un largo viaje con una obligada estancia en prisión, dejaron atrás su vida, en Chicago, en Nueva York, en Los Ángeles, en alguna pequeña ciudad de Dakota, Arizona, Kansas, Virginia... se les mira atemorizados; apenas y se atreven a dar unos cuantos pasos después de ser liberados del lado mexicano. No saben a donde ir, algunos de ellos se preguntan si alguna vez volverán a ver a su familia, a los hijos nacidos del otro lado, si regresarán al trabajo y a la vida que ya ven perdida.

El *sueño americano* se ve truncado de la peor manera, algunos de los que regresan después de haber firmado "voluntariamente" su repatriación se vieron involucrados en algún incidente de tránsito; otros manejaban sin portar licencia; otros más lo hacían con un mínimo grado de ebriedad. Los menos se vieron involucrados en algún verdadero delito. A muchos los deportó la migra después de haberlos sorprendido sin papeles en el jardín de su casa, donde regaban el césped disfrutando de ese día de asueto que jamás olvidarán.

En la Casa del Migrante de Ciudad Juárez, muchos de los repatriados encuentran ahí un refugio donde pasar la noche, donde comer algo, donde sentirse a salvo, donde hacer una pausa, por fuerza breve, en la vorágine vivida tras de su captura y expulsión de Estados Unidos.

En este año, en 2010, 6 250 migrantes han estado en la Casa del Migrante de Ciudad Juárez. Su perfil socioeconómico es crítico. La mayoría de ellos son hombres jóvenes, en la mejor etapa de su edad productiva, sus estudios son sólo de primaria dice fray José Barrios Varela, director de la Casa del Migrante.

Tanto él como Diana Rodríguez, del Centro de Derechos Humanos del Migrante, señalan que en Ciudad Juárez, como en otras ciudades fronterizas, se vive un fenómeno nuevo en la compleja relación migratoria entre México y Estados Unidos. El fenómeno del regreso... del regreso sin gloria, el de la repatriación que lejos de ser voluntaria, resulta una deportación disimulada.

"El 95% de la gente que atendemos son personas repatriadas que estuvieron en Estados Unidos. Estas personas no pudieron arreglar su estatus migratorio y fueron deportadas", dice Diana Rodríguez, del Centro de Derechos Humanos del Migrante.

Sólo en el primer semestre de 2009 por la frontera de Ciudad Juárez fueron repatriadas 26 643 personas.

Los migrantes repatriados por el Puente Internacional de Santa Fe, en el corazón de Ciudad Juárez, enfrentan la crudeza de esta ciudad, su lamentable sordidez, también la amenaza de saber que han llegado a una ciudad donde los muertos se prodigan donde, saben por las noticias de la televisión que se enfrentan los narcos por el control de la plaza, se matan policías y el Ejército mexicano toma posiciones, y así se expande el terror de los secuestros, las extorsiones.

Ciudad Juárez es el tercer lugar en cuanto al número de repatriaciones, primero está Tijuana y Nuevo Laredo. Por lo tanto, aquí hay un movimiento muy grande de personas que han sido deportadas. Estas personas llegan temerosas a la ciudad, con todo lo que sabe de esta frontera. Después de cruzar el Puente Internacional de Santa Fe, quedan como a la deriva. Llegan sin recursos económicos a una ciudad violenta. Llegan de noche y sin saber qué hacer. La mayoría de las veces, la mayor parte de su familia se quedó en Estados Unidos.

¿Qué ocurre con los repatriados mexicanos?, ¿a dónde van?, ¿cuál viaje es el que inician: el de regreso a su lugar de origen, o al lugar donde fueron capturados antes de su deportación, donde habían logrado hacer una vida? Es un hecho, la mayoría intentará volver a cruzar a la frontera en cuanto pueda.

A lo largo de este año llegó mucha gente con 10, 15, hasta 25 años, de estar viviendo en Estados Unidos —apunta fray José Barrios, quien insiste en que no se contemplan los posibles derechos de estos repatriados, de estos migrantes que han trabajado en Estados Unidos—. Los migrantes tienen derechos humanos, ser migrante no es un delito.

Diana Rodríguez denuncia la discriminación de que fueron víctimas:

Son personas que estuvieron en prisión sin haber cometido un delito de verdadera gravedad. Los fichan, les toman fotos, huellas y demás. Si detectan que han entrado por segunda vez a Estados Unidos, como dicen de forma ilegal, les dan tres meses de prisión antes de ser deportados.

Las pérdidas de los repatriados, lo que se queda del otro lado, son la familia, el trabajo, la casa... la vida entera.

En ocasiones, esos repatriados fueron llevados de niños por sus padres a Estados Unidos, donde crecieron, se formaron, trabajaron, donde pensaban iban a morir de viejos. La suya era la tierra del dólar.

"Parece difícil de creer, pero algunos de ellos ni siquiera hablan bien español", apunta Diana Rodríguez.

Hay quien más allá del documento migratorio expedido por el gobierno de Estados Unidos con su repatriación, no posee ningún otro papel que lo identifique, que avale su identidad, sí acaso la pulsera con su foto colocada cuando su estancia en prisión.

Muchos intentan regresar al lugar de origen de su familia. Se presentan en la presidencia municipal de Ciudad Juárez y tramitan lo necesario para contar con el 50% del importe de su boleto rumbo a algún poblado de Michoacán, Jalisco, Zacatecas...

"Quienes vuelven a sus lugares de origen, será muy difícil que encuentren trabajo. En ocasiones ni siquiera encuentran a su familia, ya que todos han migrado y viven en algún lugar de Estados Unidos", dice Fray José Barrios, director de la Casa del Migrante.

Diana Rodríguez, del Centro de Derechos Humanos del Migrante, ha mirado una y otra vez, muchas veces, a los "repatriados" caminar por el Puente Internacional Santa Fe, las noches de martes, jueves y viernes, cuando son obligados a regresar a México.

> Cruzan el puente esposados y vienen echando pestes de Estados Unidos, pero luego de pasar algunos días aquí, de ver la realidad, si tienen suerte de encontrar un trabajo se dan cuenta de que ganan en una semana lo que allá ganaban en horas. Entonces deciden regresar y hacen todo lo posible por lograrlo.

¿Cuáles son los datos para el contexto de esta entrevista?... Los más de mil menores atendidos en el albergue México, mi hogar, de Ciudad Juárez, en 2008. El creciente número de mujeres que busca irse al norte, huyendo de la pobreza que agobia a millones. Las altas cifras de madres solteras que han tomado la decisión de viajar con sus hijos y enfrentar la realidad de los peligros en la frontera, las mafias de polleros, los tratantes de personas...

Edith Pantaleón es una mujer joven, como la mayoría de los migrantes mexicanos, desde hace un par de meses se encuentra en la Casa del Migrante de Ciudad Juárez, donde espera que pronto su hija le sea devuelta por las autoridades estadounidenses. Ésta es su historia.

"Ya estaba todo muy difícil en Ciudad Altamirano. Quería encontrar trabajo, hacer algo mejor de mi vida".

Edith viajó con su hija desde el estado de Guerrero. Su hija es una niña de siete años, a quien no ha visto desde hace dos meses. Sólo habla con ella por teléfono, la niña quiere irse lejos del albergue en El Paso, Texas, donde hoy se encuentra.

—Salí de Ciudad Altamirano desde septiembre, venía con mi hija. A mi hija una señora la iba a cruzar, pero dicen que la niña se puso a llorar y entonces detuvieron a la mujer que la iba a pasar al otro lado.

—¿Has tenido oportunidad de ver a tu hija?

—No, desde entonces. Sólo hablamos por teléfono, los martes y los jueves.

—¿Cómo está?

—Está bien, pero me dice que me extraña mucho. Se pone a llorar. Desesperada, me dice que ya quiere irse de ahí, que quiere salirse, pero yo no puedo hacer nada, sólo me queda esperar.

Una espera que pronto puede llegar a su fin, cuando la niña, según me dice Edith, vaya a la corte y declare. Entonces podrá regresar a México y encontrase con su madre.

—¿Qué fue lo que pasó?

—Llegué a Sonoyta, en Sonora, por allá estuve un mes. Es muy triste porque llegas y no conoces a nadie, me rentaron un cuarto que no tenía nada. Era el puro cuarto, estaba muy feo. Después encontré a una señora, que me dijo que podía estar con ella en su casa, le tenía que pagar 200 pesos al mes. No tenía dinero y a mi hija la habían traído a El Paso.

—¿Pero antes de que detuvieran a esa mujer con tu hija qué fue lo que pasó?

—Llegamos en grupo a San Luis Río Colorado, en Sonora, veníamos juntos desde Ciudad Altamirano. Ahí hicimos trato con quienes nos iban a pasar. La señora esa iba a cruzar a la niña con los papeles de su hija. Yo iba a pasar después, cuando ella ya estuviera del otro lado, pero al final ya no pude hacerlo. Estaba en Sonoyta, por donde me iban a pasar, de ahí me fui a San Luis Río Colorado, por donde iban a pasar a mi hija. Era de noche, era sábado, no sabía lo que podía hacer.

—¿Cómo te enteraste de que tu hija no había logrado cruzar la frontera?

—El señor que nos iba a pasar había hecho el trato con esa mujer y esperaba que le avisara que ya había pasado a la niña. Le hablaron por el celular y entonces me dijo que no me podía ir con ellos porque habían detenido a mi hija.

Luego de sentirse perdida, sola en San Luis Río Colorado, alguien le dijo a Edith que preguntara en el DIF local. Con un poco de suerte su hija estaría ahí.

—Ya era domingo, me quedé a dormir en la Central de Autobuses. El lunes en la mañana fui al DIF, ellos estuvieron investigando, averiguaron si estaba de este lado de México. Al final, me dijeron que la tenían en El Paso, Texas.

—¿Por qué la trajeron hasta acá?

—Me dijeron que había una nueva ley, que estaban investigando si se trataba de un caso de traficantes de personas, eso me dijeron. Me vine para Juárez como pude, sin dinero, sin nada. Pregunté en el DIF y fue así como llegué a la Casa del Migrante.

Si todo sale bien, días después de que su hija se presente en la corte, Edith por fin se reunirá con ella en Ciudad Juárez.

—¿Qué vas a hacer después, volverás a intentar cruzar la frontera?

—No lo sé todavía, lo primero es que salga mi hija. Quiero estar segura de que no me la van a quitar. Ya después veré...

Perdidos en Tijuana

Se les mira desconcertados, tardan en decidir si cruzan la calle o no, si siguen adelante o regresan; se les puede encontrar lo mismo al medio día en la Zona Río, al amanecer en "la Coahuila", la famosa zona de tolerancia de la ciudad o en la Revolución mirando los escaparates de las tiendas de artesanía mexicana: lejos de su tierra, son personajes del nuevo drama de la migración, los repatriados, los deportados, quienes han llegado a Tijuana después de muchos suplicios, entre ellos la cárcel, la discriminación, en ocasiones la ruptura con toda una vida que quedó allá del otro lado de la frontera a donde quizá jamás regresarán.

Solo entre enero y agosto del 2009 fueron deportados, en los hechos, 422 000 mexicanos. Las "repatriaciones" aceptadas y firmadas por mexicanos detenidos en Estados Unidos se multiplican. En esos primeros seis meses del año pasado, de acuerdo con datos del Instituto Nacional de Migración, sólo en Baja California se registraron 172 228 repatriaciones. Decenas de miles de historias de inmigrantes que como se dice en la frontera "van pa´ atrás".

Atrás, donde en ocasiones ya no se tiene nada, ni a nadie, después de haber hecho la vida como se pudo en el trabajo de la jardinería, de albañil, de lavaplatos, de mensajero. Trabajo y más trabajo para ganar los dólares que alcanzaban hasta para mandar a los familiares atorados en la pobreza de los pueblos de Zacatecas, Jalisco, Michoacán, Guerrero...

De regreso a suelo mexicano, donde no queda más que vagar sin rumbo, como lo han hecho miles en la ciudad de Tijuana después de ser arrojados por la Puerta México, donde en los primeros seis meses de 2009 fueron repatriados (en los hechos deportados) 135 314 mexicanos según datos del Instituto Nacional de Migración.

Víctor Clark Alfaro, profesor de la Universidad de San Diego, defensor de los derechos de los migrantes y los grupos vulnerables desde hace décadas, director del Centro Binacional de Derechos Humanos, conoce como pocos la realidad social de Tijuana. Como antropólogo ha reflexionado sobre fenómenos fronterizos como "la repatriación".

"El número de deportados ha aumentado a partir de enero del 2008 como consecuencia de las redadas en Estados Unidos", dice.

En junio de ese mismo año el Centro Binacional de Derechos Humanos publicó el informe *Migrantes repatriados: arresto y detenciones arbitrarias*.

Las primeras líneas del mencionado informe son contundentes:

> Uno de los mayores riesgos que enfrentan los cientos de migrantes deportados diariamente a Tijuana es la detención ilegal por la policía municipal, quien con pretexto de "no traer identificación", los interroga, los maltrata de forma verbal y en ocasiones hasta física. Llegan a robarlos. Posteriormente son trasladados frente a un juez municipal, quien invariablemente, dará a la víctima hasta 35 horas de encierro, en la instancia Municipal para infractores.

Luego de la deportación y sus vicisitudes, del desconcierto y el extravío, viene la cárcel.

Durante la conferencia de prensa celebrada al finalizar la II Reunión de Encargados de Protección de América del Norte, a principios del año 2009, Daniel Hernández Joseph, director del área de Protección a Mexicanos en el Exterior de la Secretaría de Relaciones Exteriores, dijo frente a cámaras, micrófonos y decenas de reporteros de distintos medios:

> Hay una creciente criminalización del migrante indocumentado, un ambiente hostil incluso para el que está legalmente en el país, y la consecuencia es una actitud generalizada, en algunos sectores de la población estadounidense, de rechazo al migrante, al mexicano y al hispano en general.

La situación de los mexicanos del otro lado ha sufrido un grave deterioro, además de la hostilidad en el entorno, de la promulgación de leyes en condados del norte, del sur, del este y del oeste de la Unión americana, donde se limitan sus derechos de todo tipo. Son la minoría más pobre, hoy tres millones de mexicanos viven en situación de pobreza en Estados Unidos.

La Fundación Bancomer BBVA divulgó los siguientes datos provenientes de un informe sobre la condición económica de los mexicanos del otro lado. El porcentaje de quienes viven en situación de pobreza se elevó 5 puntos de 2007 al 2009. Hoy 27.1% de los mexicanos migrantes en Estados Unidos vive en la pobreza.

Quienes cuentan con empleo también sufren, más que los efectos de la crisis económica, la discriminación que se traduce a una extrema precariedad laboral. De acuerdo con información del Consejo Laboral para el Avance del Trabajador Latinoamericano, uno de cada tres trabajadores migrantes en Estados Unidos no percibe el salario mínimo establecido por la ley y a ocho de cada diez no se les pagan horas extras. De una o de otra manera, los migrantes extraviados en Tijuana provienen de la pobreza.

La criminalización de los migrantes no es un fenómeno nuevo en la frontera. El 1 de octubre de 1994, en esta región se instauró la Operación Guardián. La tecnología más sofisticada, un despliegue de agentes de la Border Patrol sin precedente, la construcción de muros... en los hechos, la militarización de la frontera.

Quince años después el saldo es de miles de muertos, las rutas para la migración se han hecho más peligrosas, se muere de frío y de sed en el desierto o en las regiones montañosas (pueden promediarse 300 muertes por año, más de cuatro mil vidas truncadas). Han proliferado las bandas organizadas de traficantes de indocumentados y existen nuevos fenómenos como la "repatriación".

Víctor Clark Alfaro identifica tres tipos de migrantes deportados por Tijuana:

> Migrantes con larga residencia en Estados Unidos, mexicanos que han vivido en ese país hasta 40 años; migrantes provenientes de prisiones, y migrantes con pocos días de haber cruzado la frontera como indocumentados.

Las historias de los extraviados en Tijuana tienen en común el mismo principio, de este lado y del otro, la criminalización del fenómeno migratorio.

En el periódico *Yakoma Herald Republic*, de esa población de Washington, se publicó un reportaje con datos provenientes del archivo del condado.

> Más de 60% de los presos con casos pendientes por posibles violaciones a las leyes de inmigración fueron encarcelados por infracciones de tránsito, como manejar sin licencia y conducir de forma negligente. Manejar en estado de ebriedad, un delito menor, fue el cargo principal...

Un lamentable error el manejar sin precaución, sin licencia o de plano en estado de ebriedad, que cualquier migrante puede pagar con la pérdida de la vida resultado de décadas de trabajo, también perder a su familia y trabajo.

Hoy los casos de personas de la tercera edad deportados por Tijuana se multiplican.

> Cuando se tienen hasta 40 años de vivir en Estados Unidos —dice Víctor Clark Alfaro— no hay duda de que se ha tenido un desarrollo social y cultural en ese país. Este grupo habla inglés, lo que en Tijuana, en lugar de ser una ventaja se convierte en desventaja. No conocen a nadie en la ciudad y por su edad les será muy difícil conseguir empleo. No cuentan con identificaciones oficiales, documentos como la credencial de elector, la licencia de manejar y demás son, en pocas palabras, indocumentados en su propio país.

Otros repatriados son quienes intentaron cruzar la frontera recientemente, quienes en su mayoría toman el riesgo de ir tras el dólar. Atrás dejaron la pobreza y enfrentan el cruce al otro lado, donde saben que a pesar de todo, hay trabajo. Las vicisitudes del camino son muchas, los coyotes y su negocio, la acechanza de la migra, los asaltos en el camino, el frío, el calor, el desierto y los animales, la carrera por horas, el hambre, el miedo... todo puede terminar de golpe con la captura sufrida por agentes de la migra.

A finales del año pasado, en el mes de noviembre, el gobierno de Estados Unidos extendió al estado de Texas el Programa de Salida y Transferencia de Extranjeros. Con el propósito de desalentar un nuevo intento de cruzar, de que el "coyote" cumpla con lo pactado y ofrezca una oportunidad más. Este programa tiene como estrategia fundamental deportar ("repatriar") a los migrantes por un punto fronterizo alejado del lugar por donde ingresaron y fueron detenidos en territorio estadounidense.

Los repatriados de Tijuana pueden venir de muy lejos. Después de haber sufrido el cautiverio en los centros de detención migratoria y el traslado vaya a saber en qué condiciones de pronto se encuentran en Tijuana sin conocer a nadie, desprovistos de identificaciones, con el poco dinero que han logrado salvar de esa forma de naufragio que es la deportación.

El tercer perfil de los migrantes deportados que llegan a la ciudad de Tijuana es el de aquellos que provienen de prisiones.

Víctor Clark Alfaro afirma:

Este grupo tiene características especiales, algunos como parte de los hábitos culturales del medio en que se desenvuelven hablan inglés, se han tatuado el cuerpo, rapado. Han pertenecido a pandillas dentro y fuera de las cárceles, tienen lenguaje y códigos que las policías mexicanas no conocen. Al llegar a la frontera mexicana algunos se articulan a actividades delincuenciales, o se rearticulan con los grupos a los que pertenecían en Estados Unidos. Se han convertido en la reserva de mano de obra para el crimen organizado.

Inmigrantes venidos del sur: mercancía desechable

El peligro acecha a lo largo del incierto viaje rumbo al norte; en todo momento se expone la vida. Los cientos de miles de inmigrantes indocumentados —nadie sabe cuántos son— que cruzan por territorio mexicano rumbo a la promesa de la supervivencia y el dólar, son reducidos a mercancía desechable. Los pueden robar, secuestrar, asesinar, cualquier crimen del que sean víctimas tiene las más altas posibilidades de permanecer impune.

De acuerdo con testimonios recabados en la ruta del tren, a las historias contadas en el viaje, los inmigrantes venidos del sur, hondureños, guatemaltecos, salvadoreños... son lo mismo víctimas de asaltantes y pandilleros, que de los temibles zetas. También, con espeluznante frecuencia, sufren la extorsión y la tortura a las que los someten integrantes de corporaciones policíacas mexicanas y del Ejército.

Las historias del viaje a través del territorio mexicano están marcadas por la condición de vulnerabilidad de miles de personas.

El pollero que me engañó se llama Carlos. Lo topé en Ciudad Hidalgo, crucé por el río, yo venía de Tecún Umán. Me pidió 600 dólares y después de varios días de viaje me dejó botado en Saltillo. Ahí ves a la gente, a mucha gente a la que dejan botada en la central camionera. Todos están desesperados, nunca llega el guía que te dijeron te va a llevar al norte.

Días y días de caminata, una verdadera epopeya la de quienes recorren kilómetros de inhóspita selva por brechas perdidas. A los viajeros de la desesperación los empuja la miseria, el sálvese quien pueda del hambre dejada atrás en algún poblado de Honduras, el Salvador, Guatemala...

> Crucé el estado de Chipas caminando, llegamos a Arriaga de noche. Escondidos en lo oscuro estaban unos soldados. Nosotros éramos cuatro. Nos detuvieron, nos revisaron, querían dinero, como no llevábamos nada dijeron que éramos unos perros, que nos iban a entregar a migración. Nos dijeron que a México sólo veníamos a chingar. Al final nos dejaron ir, dijeron que no nos iban a entregar porque no se les deba la gana, porque ya estaban cansados. Los soldados siempre te quitan el dinero, es lo que buscan, es lo que quieren. Si ya no tienes dinero, te quitan lo que pueden, los cinturones, las chamarras, hasta las gorras.

Las extorsiones denunciadas por los inmigrantes en la ruta rumbo al norte hablan de puntos estratégicos, donde policías aguardan por sus presas.

"En Ciudad del Triunfo, antes de Tenosique, los policías saben que nos subimos al tren donde hay una curva. Ahí te esperan, ahí está la patrulla, si quieres subirte tienes que pagarles. Te esperan de noche, siempre en la curva".

En el camino muchos abusan, los maquinistas y garroteros también quieren su parte del botín que representan los inmigrantes indocumentados:

En Tierra Blanca todos los garroteros son ladrones. Si ustedes no traen dinero, nos dicen, se bajan del tren, vamos a llamar a los de migración. Nos amenazan diciendo que a quien no trae dinero lo van a tirar del tren. Los maquinistas se detienen en lugares remotos y con personas que los acompañan piden dinero, los 80, los 100 pesos. Dicen: saquen todos la lana, porque si no, llamo a la migra. Si no traes dinero te roban lo que pueden, ropa, zapatos, tenis usados.

De acuerdo con testimonios de quienes viajan en los trenes de carga del sur al norte (quienes son los más pobres entre los migrantes pobres) en Orizaba, Veracruz, y en Lechería, Estado de México, se recrudece la extorsión por parte de garroteros y maquinistas: "Un garrotero nos dijo: denme para los refrescos o los denuncio. Luego llegaron otros, nos arrinconaron, entre cuatro juntamos 100 pesos. Nos dejaron ahí en el *parqueo*, luego llegaron otros y como ya no teníamos dinero, nos golpearon".
Lo peor es cuando los asaltantes llevan placa, usan uniforme y van armados.

Yo no conocía esa ruta, me llevaron unos amigos; cuando esperábamos el tren, nos agarraron unos policías y nos robaron todo el dinero. Nos pusieron contra la pared y nos registraron, buscaban en los bolsillos, bajo las gorras, por todas partes. Nos sacaron 300 pesos. Uno de nosotros les gritó que eran unos ladrones, unos perros, entonces se enojaron y uno de ellos nos amenazó con su pistola, nos dijo que si quería podía matarnos, que matar a uno de nosotros era como matar una rata. Con nosotros venía un chavito, como dicen ustedes, que no traía dinero y como no pudo darles nada, le dieron una golpiza. Lo dejaron arrojando sangre.

Si la amenaza de las bandas de secuestradores es una constante en el camino, también lo es el abuso, el engaño de que un inmigrante desesperado por salir del infierno del viaje en tren puede ser objeto en cualquier lugar como sucede en Irolo, Pachuca.

El gato comercia con carros, tiene muchos y los usa para llevar a los pollos, como nos dicen. Una mujer te contacta en Irolo, vive en la última casucha de ese lugar. La gente llega desesperada, ella te dice que te arregla el viaje, cobra 600 dólares. Todos los días suben de 20, 30 personas. No sé que pasa con toda esa gente. Me llevaron con otras personas metido en la cajuela del carro, fue un viaje muy largo. Era de noche cuando de pronto nos paramos en la carretera. Alcancé a mirar las luces de la sirena de una patrulla. Estaban arreglados, el gato se despidió de ellos, le dijeron que te vaya bien, nos vemos. A mí me dijeron que esperara en Saltillo a un guía que nunca llegó. Yo ya voy de regreso, voy para atrás, rumbo a mi tierra.

Ser un inmigrante indocumentado viajando por México es ser nadie. En cualquier momento y en cualquier lugar se puede ser víctima de una sospechosa captura por parte de personajes que buscan información, capaces de someter a la tortura de los golpes y la amenaza de muerte a quien detuvieron.

Iba caminado por Monterrey, buscaba la estación del tren. Me di cuenta de que me seguía un carro; no era una patrulla, era un carro particular, en el que venían un hombre y una mujer. Me siguieron por un rato, y cuando pudieron me cerraron el camino en una esquina. Abrieron la puerta del carro y el hombre me dijo, no vayas a correr, súbete, estamos armados. Quise huir, corrí para el otro lado, pero me siguieron, me metí a un estacionamiento, creo que era un taller o algo así. El hombre se bajó y me alcanzó, me amenazó con su arma, me golpeó en el rostro y en la cara. Me registró. La mujer estaba ahí parada junto a él. Me preguntó que cómo había llegado hasta Monterrey, que quién me iba a pasar y por dónde. Cómo no supe que decirles, seguro pensaron les ocultaba algo, entonces el hombre me puso la pistola en la cabeza. Una escuadra, cortó cartucho. Me preguntó de donde venía, le dije que de El Salvador. Si no me dices lo que quiero te vas a chingar, me dijo, pensé que me iba a matar. Como no podía decir nada me volvieron a golpear, luego me dijeron que les diera todo el dinero que traía, les dije que no me quedaba nada, que llevaba dos días sin comer. Me siguieron golpeando. Me revisaron y como vieron que de verdad no traía nada, me dijeron que me fuera. El hombre me dijo, no le digas a nadie que te agarramos, nunca nos conocimos, yo nunca te vi.

Una de las nuevas constantes en el fenómeno migratorio es que en la ruta cada vez con mayor frecuencia se encuentra a mujeres viajando solas; como los niños, ellas son quienes sufren los peores abusos.

> En el tren donde venía, vi a cuatro muchachas ya para llegar a Escobedo. Una de ellas venía muy triste, con ganas de llorar. Las demás estaban muy calladas. Me puse a platicar con esas muchachas, les pregunté que les pasaba. Me dijeron que unos policías las habían agarrado y bajado del tren. Las llevaron a una casa, ahí las violaron. Las tuvieron varios días y luego las dejaron ir. Ellas pensaban que las iban a matar. Les pregunté si iban a seguir rumbo al norte y la que se veía más triste me dijo que sí, que en este camino se arriesga todo y se pierde todo.

En la ruta hay que buscarse la vida, se puede sufrir por días enteros la agonía del hambre, lo mismo que el agotamiento físico de un viaje que parece jamás llegará a su fin. Pueden ser semanas, hasta largos meses los que se viven en la ruta de los inmigrantes indocumentados venidos del sur. Muchos de ellos, luego de ser engañados por los polleros, de ser deportados por las autoridades mexicanas, o sorprendidos por la Patrulla Fronteriza ya del otro lado, lo vuelven a intentar. De donde vienen sólo hay miseria, la amarga realidad de la desesperanza, en cambio mientras dura el viaje existe la posibilidad de llegar algún día a donde hay trabajo y pagan la hora en dólares.

Para seguir en el camino, hay quien hace lo que puede para ganarse unos pesos. Aprovechando su condición, algunos ofrecen trabajo a los inmigrantes indocumentados decididos a no pagarles. Este abuso es más frecuente de lo que se supone.

A la Casa del Migrante de Tierra Blanca llegó un señor, nos dijo que si queríamos trabajar, nos ofreció 60 pesos diarios. Quería que le ayudáramos a alimentar a sus animales. Fuimos a trabajar al otro día, pasaron las horas y no nos daba de comer, luego trajo pan duro y sardinas. Seguimos trabajando, cargamos bultos de maíz, mucho bultos. Al final de la jornada yo le pregunté por nuestro pago, por los 70 pesos que nos habíamos ganado. Nos dijo que mejor nos largáramos, nos amenazó diciéndonos que si no nos íbamos de ahí iba a echarnos a los de migración.

Cada vez con mayor frecuencia se escuchan testimonios de los abusos de quienes lucran con la necesidad de los inmigrantes venidos del sur.

Yo trabajé en un lugar adelante de Saltillo, no recuerdo el nombre de ese pueblo. Soy albañil, me dijeron que me iban a dar el almuerzo y sólo me lo dieron dos días. Trabajé siete días de día y dos de noche en la obra de una casa pegando pisos. Cuando pregunté por mi pago, el patrón me dijo que no había trabajado lo suficiente y me dio cualquier cosa. Luego me dijo: cuídate de hacer cualquier chingadera porque te echo a los de migración.

La mayor amenaza, el terror que puede representar el secuestro (para los inmigrantes con los que se puede hablar en el camino) son los zetas, o quienes dicen serlo. Como quiera que sea son hombres armados, dispuestos a todo. La CNDH confirma la recurrencia de este delito, se registraron por lo menos diez mil casos de secuestros perpetrados en contra de migrantes en los primeros seis meses de 2010.

Distintas organizaciones defensoras de derechos humanos presentaron recientemente un informe a la Comisión Interamericana de Derechos Humanos sobre el modo de operar de las bandas de secuestradores de inmigrantes.

Lo primero es establecer el control de las pequeñas poblaciones de la ruta seguida por los inmigrantes transfronterizos, por Tabasco, Veracruz, Oaxaca y Tamaulipas, mediante la extorsión de los pobladores. Luego se recluta a quienes pertenecían a grupos delictivos locales como pandilleros. Después viene la acción, el secuestro de los inmigrantes que viajan en el tren o como pueden. Su cautiverio en casas de seguridad se prolonga hasta que sus parientes pagan por su rescate en seguros depósitos bancarios vía electrónica.

Pero el viaje de la supervivencia, el de los inmigrantes en la ruta rumbo al norte puede terminar en cualquier momento y de la peor manera: ellos no existen (aunque sean por lo menos diez mil los que cruzan nuestro territorio año con año), nadie garantiza sus derechos. Pueden ser víctimas del engaño de los polleros, asaltados por garroteros y maquinistas del tren, extorsionados por integrantes de la policía y del Ejército, según sus propios testimonios. También pueden ser secuestrados y asesinados.

VI

Amores de otros sabores

A NADIE DEBERÍA IMPORTARLE que ellos caminen tomados de la mano, que de pronto se detengan y vaya saber con qué pretexto se besen. El amor es así. Acaso tendríamos que celebrar que a pesar de este sistema del sálvese quien pueda, del brutal egoísmo, la atroz competencia, la rabia contenida con la que tantos andan por ahí, una pareja se enamore. Sin embargo sobran las buenas conciencias, a quienes el deber ser atormenta, lo que les debe generar mucho dolor. Por ello desde el automóvil que se detuvo les gritaron: "putos".

La diferencia aterra porque no somos capaces de reconocernos en ella.

La Comisión de Crímenes de Odio por Homofobia lleva la negra cuenta de la violencia perpetrada contra la disidencia sexual. En los 13 años que van de 1995 a 2008, fueron asesinados 627 personas "diferentes", entre gays, lesbianas y homosexuales.

Este registro de crímenes es resultado de un seguimiento hemerográfico, por lo tanto la cifra negra de los delitos que genera el temor a la diferencia, el odio, debe ser mucho mayor. Se estima que por cada homicidio que llega a hacerse público, otros dos son acallados.

El desprecio. Si de los homicidios tenemos registro, nadie sabe cuántos han dejado a su familia, el lugar donde vivieron, víctimas del rechazo por los seres más queridos. El padre, la madre, los hermanos, no toleran que la muchacha haya descubierto que la hacía ser feliz encontrase con la ternura de otra muchacha.

Quién dice que los hombres y las mujeres están divididos en un par de géneros, limitados a prácticas sexuales establecidas por las convenciones y los intereses de una sociedad patriarcal. Muchos, muchas, se han atrevido a marcharse, dejando atrás la vieja identidad que los encadenaba, pero también los nexos amorosos, filiales, el vínculo con quienes por mucho tiempo fueron los más cercanos, con quienes se compartió la vida.

La llamada cultura occidental ha sido proclive a la discriminación, el otro, quien es distinto, resulta una amenaza, es culpable de muchos males que nos aquejan. Aniquilar, exterminar. La máxima de la pureza aria es la expresión más exacerbada de ese odio al otro. Mientras el antisemitismo ha perdido prestigio y la misoginia desde hace años se encuentra en tela de juicio (aunque viejas prácticas culturales prevalecen) la homofobia sigue cobrando en México víctimas.

De acuerdo a los datos procedentes del informe de la Comisión de Crímenes de odio por Homofobia, en México cada tercer día es asesinada una persona por su preferencia sexual o identidad genérica. En su mayoría los crímenes son brutales, perpetrados con extrema violencia. En el 25% de los casos la víctima muere a consecuencia de golpizas brutales.

El odio explota: más del 10% sufrió crueles torturas antes de ser asesinado. Estremece saber que más de 60 personas que fueron víctimas de homicidio por su preferencia sexual o su identidad transgenérica, murieron estrangulados en su propia casa.

Según una nota periodística publicada por el diario *El Universal* en su página de Internet del 23 de marzo del 2010, Miguel y su novio caminaban por la calle de Londres, en la Zona Rosa de la ciudad de México. Estaban ya acostumbrados a las muestras de desprecio, a las miradas de reproche, a los insultos recibidos desde los autos en movimiento, pero esa tarde de domingo fueron agredidos por varios hombres.

Eran cuatro, apenas pudieron verlos y por temor se niegan a describirlos. De pronto los atacaron. Golpes en el estomago, el rostro, las costillas. El dolor, la impotencia. La vejación de que se es víctima. El miedo de que puede ocurrir lo peor sin que a nadie le importe. Cuando terminó todo seguía igual en esa soleada tarde de domingo en la calle de Londres. Al marcharse alguno de los agresores dijo algo así como "justicia ciudadana". ¿El nombre de un grupo? Los intolerantes insisten en que hacen el trabajo sucio para beneficio de la sociedad.

Los agresores dejaron un mensaje para sus víctimas y sus congéneres en una memoria USB: "Quien siga besándose en público, quien siga haciendo *joterías* en público será castigado severamente. Para que ningún otro *joto* desviado lo haga. No deberían existir". Un mensaje que podía leerse en la pantalla de la computadora, un mensaje de odio.

Un par de preguntas: ¿cuál puede ser la siguiente acción de alguno de los cuatro hombres que intervinieron en el ataque perpetrado contra Miguel y su novio? ¿Existe justicia ciudadana, existen grupos convencidos de emprender la batalla de la intolerancia, de eliminar a quienes dicen no debieran existir?

Miguel fue entrevistado por los colegas autores de la nota (Fernando Martínez y Alberto Cuenca).

"Si ponemos la denuncia y vamos al Ministerio Público, puede ser que no la tomen mucho en cuenta. Tengo otros dos amigos que sufrieron lo mismo, me da miedo que esto siga ocurriendo, nosotros tenemos derechos como todo el mundo".

De acuerdo con el seguimiento hemerográfico realizado por la Comisión de Crímenes por Odio, los asesinos a quien impulsa el desprecio y el temor al otro, la más cruenta expresión del discriminar, la más brutal de las exclusiones, la que termina con la vida y cumple las peores amenazas, perpetraron sus crímenes con singular saña.

La mayoría de quienes murieron a causa de su elección sexual o su identidad genérica son hombres: 525 eran homosexuales, 823 travestis y transexuales y sólo 21 eran lesbianas. La mayoría de los asesinados eran jóvenes.

La geografía de la violencia perpetrada contra la disidencia sexual se extiende por todo el país, las entidades con el mayor número de casos de crímenes de odio registrados en la prensa son el Distrito Federal, con 143 casos, Michoacán con 77, el Estado de México con 84 y Nuevo León con 54.

El atraso social. La mayoría de estos crímenes siguen siendo minimizados por las autoridades, todavía se habla de "crímenes pasionales", lo que en muchos casos determina la impunidad en que permanecerán.

El definir de esta manera un homicidio, revela la homofobia institucional, que lleva a la negación de la justicia. El desprecio por la víctima y la complicidad con el victimario es resultado de los estereotipos de género.

> Lo humillaron. Fue rapado. Arrojaron su cuerpo desnudo a la calle. Desprecio. En el abdomen y en un costado escribieron con plumón de color rojo "soy puto". En la nalga del lado derecho "loca". Temor. Odio. Tenía 17 años. Su cuerpo fue encontrado en las calles de la colonia Santa María, viejo barrio de la ciudad de México.

La Comisión Ciudadana Contra los Crímenes de Odio por Homofobia precisa que existen tres expresiones de la homofobia, la criminal, capaz de la tortura y el exterminio. La institucionalizada, donde se niega el derecho a la diversidad, donde se expresa la estigmatización y la negligencia en la investigación de los homicidios se justifica con la estigmatización dc las víctimas. La social, la de la silenciosa complicidad.

Los cinco sexos

En 1993 Anne Fausto-Sterling publicó en la prestigiada revista *The Sciences* un artículo que hoy sigue levantando polémica, titulado "Los cinco sexos, porque el masculino y el femenino no son suficientes".

GUADALUPE HERNÁNDEZ: Para mí el estado ideal de cualquier ser humano es el estar enamorado. Sé que Rosa María también me ama. Nuestra relación está forjada en la confianza y en la comunicación sobre todo. También forjada en el respeto que yo me merezco y ella también se merece.

RODOLFO RUIZ: Yo no soy mujer, no me considero mujer, soy un varón al que me gusta otro varón. Somos dos varones que nos relacionamos como varones, con los defectos de los varones y también con la misma necesidad que tenemos los varones de afecto.

ISIDRO GARCÍA: ¿Qué ser humano tiene derecho de decirle a otro ser humano que él no puede amar, que él no puede apoyarse en ese otro, que ellos no pueden acariciarse, enojarse, contentarse? ¿Qué poder tiene un ser humano para decirle al otro qué no debe hacer? Todos tenemos derechos. Nosotros lloramos, nos enojamos, peleamos nos contentamos y para mí, la verdad, mi pareja, él es lo más precioso, lo más bello que me ha pasado mi vida.

María Dolores Chávez: Pues yo puedo hablar de mi caso personal, por ejemplo, mi familia me rechaza. Todavía no me he abierto con ellos, y me doy cuenta de que saben lo que soy, que estoy llevando un proceso, pero de todos modos no hay la aceptación, no hay el respeto, no hay el apoyo por yo vivir como vivo, entonces todavía en estos grupos familiares de la Guadalajara tradicional se dan este tipo de intolerancias.

Rosa María Ortiz: Pasamos por momentos muy difíciles, todos sabemos que en una sociedad patriarcal como la nuestra se espera que sólo seamos niños o niñas, que no tengamos ninguna diferencia en ningún sentido. Obviamente venimos a romper el esquema de nuestras familias, cuando finalmente dijimos que éramos lesbianas.

Guadalupe Hernández: No fue fácil, soy hija única de una familia muy tradicionalista, mi mamá es muy conservadora, muy católica, mi papá es peor, con ideas muy machistas, de provincia, entonces les rompí el esquema. Terminé con esa historia de salir de blanco y con un hombre que me golpeara para que entonces yo pudiera llorar y ellos me pudieran consolar.

Rodolfo Ruiz: Ha habido avances en la sociedad tapatía, ha habido avances en Jalisco en ese sentido, hay menos discriminación, hay menos estigma, pero todavía vivimos en una sociedad machista, en donde lo peor que puede sucederle a una familia, es que un miembro de su familia sea *gay*.

ALBERTO CHÁVEZ: Mi familia la forman mi mamá, mi hermana, su esposo y sus hijos. Vivimos todos juntos, compartimos todos juntos, nos quieren mucho a mí y a mi pareja, nos apoyan y la llevamos muy bien.

RODOLFO RUIZ: Aquí es como dicen, bigote con bigote, espalda con espalda, eso es el erotismo entre varones, pero aparte del cuerpo es en los sentimientos, es en los pensamientos, es el estar a gusto con otra persona idéntica a mí, no idéntica a mí como otro gemelo, pero es un alma que está compartiendo sentimientos, amor, proyectos...

MARÍA DOLORES CHÁVEZ: De principio si hubo como una diferencia al asumir el rol de lo que es la madre y entonces ella el padre, pero nos fuimos dando cuenta que en cualquier relación es importante que todo se comparta. Hemos compartido todo juntas, la responsabilidad económica es mutua y yo no siento la diferencia, tan madre soy yo como ella para con mi hija.

MARÍA EUGENIA GONZÁLEZ: Realmente la madre es María Dolores, pero yo convivo con la niña como si ella fuera parte de mi familia; la veo así, ella sabe que la quiero, que la respeto, que a veces hay como en cualquier familia diferencias, pero que precisamente unidas las tres solucionamos todo y continuamos con nuestra vida.

GUADALUPE HERNÁNDEZ: En nuestra familia no existen roles, de repente se piensa que las relaciones lésbicas u homosexuales, digo nuestro único referente es una familia tradicional, estereotipada, con roles de hombre y de mujer, nosotros en eso hemos querido, porque así lo creemos, romper con ese esquema.

ROSA MARÍA ORTIZ: Principalmente hablarles con la verdad a nuestros hijos, siempre con la verdad, jamás mentirles, jamás decirles por ejemplo: «si viene un amigo tuyo di que Lupita es tu tía». No, ellos saben perfectamente desde toda la vida que yo soy lesbiana, que Lupita es mi compañera, que yo la elegí y que ella es parte de nuestra familia.

VII

Buscarse la vida en el asfalto

SON VERDADEROS SUPERVIVIENTES, los de la calle. Las poblaciones callejeras que hacen la vida en el más inhóspito de los entornos día con día aumenta en número, sin que se lleve un registro exacto de quienes conforman estos verdaderos contingentes de excluidos de una sociedad que los conmina a una expulsión negándoles opciones de trabajo, educación, salud, casa... del elemental derecho a una vida digna.

A niños, mujeres, hombres, personas de la tercera edad, a miles, tal vez a decenas de miles de personas diseminadas en todo el país, día con día se les niegan sus derechos fundamentales. Apenas y se les reconoce como seres humanos, en el mejor de los casos se les hace invisibles, se les transforma en parte del paisaje urbano, pero en el peor se les estigmatiza, se les convierte en víctimas de actos de limpieza social, que pueden empezar en las agresiones y culminar en homicidios.

Nadie sabe cuántas personas sobreviven en las calles de las ciudades y poblados del país. De acuerdo al más reciente censo realizado por la Secretaría de Desarrollo Social del Gobierno del Distrito Federal, en la ciudad de México tres mil personas (un número más bien conservador) hacen por la vida en el asfalto. Estos miles de personas, sufren las inclemencias del tiempo, el frío de largas noches, las lluvias, los calores; como si se encontraran en un desierto, un desierto cuyo horizonte está determinado por una dinámica social que los aparta de los beneficios de una sociedad que aspira a una mayor equidad.

La geografía humana de quienes, en muchos casos, se pueden considerar desplazados por la pobreza se extiende lo mismo por el norte que por el sur, en pueblos, ciudades, puertos y fronteras.

La población callejera no cuenta en los censos, sólo existe cuando irrumpe ante nuestros ojos, cuando los miramos con desprecio y desconfianza, cuando se nos muestran como la imagen más cruel de la carencia de un desarrollo más igualitario, cifrado en el mero reconocimiento de las necesidades que todos compartimos, las necesidades básicas de alimentación, salud, trabajo y un lugar donde vivir.

En los últimos años los pobres se han multiplicado y con ellos las poblaciones callejeras. Hace mucho que se dejó de hablar de los niños de la calle, hoy coexisten en el inhóspito territorio del asfalto hombres, mujeres, personas mayores, niños y jóvenes; muchas veces, parte de familias enteras.

Estos grupos sociales han establecido distintas estrategias para sobrevivir en las calles, se han apropiado de distintos saberes y desarrollado toda una cultura callejera.

Las personas que conforman la población callejera son quienes se encuentran en el último peldaño de la escalera social. Su situación está lejos de los derechos establecidos por la Constitución para cualquier mexicano y los más diversos documentos internacionales, incluida la fundamental Carta de las Naciones Unidas cuyo artículo primero establece el necesario "desarrollo y estímulo del respeto de los derechos humanos y las libertades de todos, sin hacer distinciones de raza, sexo, idioma, religión, opinión política o de cualquier otra índole, origen nacional, social, posición económica, nacimiento o cualquier otra condición".

Hay que insistir: los derechos negados a las poblaciones callejeras por efecto de la discriminación son lo mismo sus derechos económicos, sociales y culturales, que sus derechos políticos y civiles. Son *los olvidados*.

La mirada que niega la dignidad humana tiende a estigmatizar, criminaliza la pobreza. Esa mirada es la de quien detenta el poder, lo mismo económico, que social.

La mirada del poderoso.

La ley y su poder. La ley de Cultura Cívica del Distrito Federal sanciona el uso del espacio público para pernoctar en parques avenidas, plazas, jardines, la mendicidad encubierta... todo ello se considera como elementos y situaciones que "atentan contra la tranquilidad de las personas y la seguridad ciudadana".

El vivir en la calle, el hacerse de un espacio cualquiera donde encontrar refugio puede ser considerado como una forma de impedir el uso de los bienes públicos de uso común o las áreas y vías públicas, por lo tanto puede justificar no sólo una sanción, sino acciones encaminadas a *remover* de los lugares públicos, como parques y demás sitios similares, a quienes los ocupan.

Vale citar el Programa de Derechos Humanos del Distrito Federal, elaborado por la Comisión de Derechos Humanos del D.F. y distintas organizaciones, un documento que establece líneas de trabajo y apunta políticas públicas para erradicar la inequidad:

> La construcción social y el concepto de poblaciones callejeras, implica reconocer a estas personas como un grupo social excluido, es decir, como grupos humanos que sobreviven con sus propios recursos, en medio de las adversidades de la calle. La particularidad de esta población está en la construcción de identidad en torno a la calle y la discriminación y exclusión social en que se encuentran.

Los de la calle

Los más pobres de los pobres, los más solos... los de la calle.

Preferimos no verlos. Para muchos de nosotros son invisibles hasta que deciden estorbarnos con su miseria. Los de la calle sólo son noticia, cuando después de una larga agonía mueren en alguna acera o su cuerpo es encontrado junto a un montón de basura.

En la ciudad de México y su área conurbada, los de la calle viven en zonas aledañas al centro, en la delegación Cuauhtémoc, pero también donde encuentran refugio entre los más pobres, como en Iztapalapa.

Entre ellos están quienes lo han perdido todo o quienes nunca han tenido nada. En su origen está la pérdida de vínculos de índole afectiva y material, lo único que les queda es la supervivencia.

Hay quien afirma que los de la calle sufren un profundo desequilibrio social, mental y físico. La causa de ese desequilibrio es el vacío de satisfactores materiales, espirituales, sicológicos y sociales.

En la tarea diaria de la supervivencia, muchos de los de la calle realizan los peores trabajos, siempre con una actitud de acendrado temor. La mayoría sufre de enfermedades crónicas, muchos de trastornos mentales y adicciones.

En la zona metropolitana de la ciudad de México, en la selva del asfalto, se estima que ochenta mil personas hoy están en riesgo de perder lo poco que les queda y terminar en la calle.

Quién puede saber cuántos en las grandes ciudades del país enfrentan realidades de pérdida de trabajo, de fuertes trastornos emocionales, de abandono y desvinculación con el entorno. Quién puede saber cuántos de la calle habrá en el futuro.

Pobreza urbana

> ¿De dónde viene la población callejera?
> De la pobreza.

A orillas del asfalto, la vida de millones de personas en la ciudad de México y su zona conurbada transcurre en la pobreza. Las carencias se multiplican. Falta trabajo, educación, salud... se vive en cuartos construidos con lo que se puede. Techos de lámina de cartón, paredes de materiales de desecho. Las viviendas de quienes resultan privilegiados en estos paisajes de miseria urbana están siempre inacabadas, de algún modo representan la construcción de la imposible prosperidad.

El diagnóstico de la pobreza urbana en el corazón del país es dramático. De acuerdo con datos de la Secretaría de Finanzas del gobierno capitalino, siete de cada diez habitantes de uno de los conglomerados urbanos más grandes del mundo se encuentra en situación de pobreza.

El mapa de la pobreza urbana no reconoce fronteras políticas... se extiende por los lugares donde viven quienes son expulsados a la periferia de las ciudades.

La pobreza urbana en el Estado de México, una de las entidades con mayor grado de urbanización, donde el 87% de su población vive en centros urbanos, alcanza niveles extremos. Casi el 25% de la población total padece pobreza alimentaria, lo que dicho de manera llana, significa que alrededor de tres millones de mexiquenses no pueden cubrir sus necesidades básicas.

Resulta paradójico que siendo el Distrito Federal una de las entidades donde, de acuerdo con la Comisión Nacional de Derechos Humanos, se garantizan con mayor eficiencia los derechos económicos, sociales, culturales y ambientales, la pobreza urbana en ocasiones llegue a ser extrema. De acuerdo con datos de la Secretaría de Finanzas del Gobierno del Distrito Federal, en la ciudad de México son muchos los pobres. Un millón y medio de personas. Más del 60% de esas personas tienen entre 15 y 59 años de edad. Más de la mitad de ellas carece de servicios de salud. Por lo menos 280 000 carecen del servicio de agua entubada dentro de su vivienda y viven en condiciones de hacinamiento.

El mapa de la miseria se extiende en el Distrito Federal por Iztapalapa, Gustavo A. Madero, Tlalpan y Álvaro Obregón. En estas demarcaciones vive la mayoría de quienes padecen pobreza urbana. Más allá de la realidad de la pobreza que se sufre en los estados del sur, en Chiapas, Oaxaca y Guerrero, en el corazón económico y político del país muchos sufren de carencias extremas, de una deplorable calidad de vida.

El ejército de pobres en la ciudad de México suma más de un millón de personas. De acuerdo con datos de la Secretaría de Finanzas del gobierno del D.F., el 90% de esas personas vive en casas con pisos de cemento. Casi 300 000 carecen del elemental servicio del drenaje; no cuentan con lo que en otros ámbitos resulta ya básico para una mediana calidad de vida. Más de 250 000 personas de ese ejército de pobres carece de refrigerador y medio millón no dispone de lavadora.

Otra de las características que define la realidad de la pobreza urbana es la desigualdad. De acuerdo con datos del Fondo Monetario Internacional, México es la decimoquinta economía en el mundo en relación con su producto interno bruto, pero ocupa el lugar 58 en cuanto a la distribución por habitante del ingreso.

La inequidad es una constante. De acuerdo al último reporte de Desarrollo Humano de la onu, México ocupa el lugar 103 de 126 países estudiados en cuanto a la brecha de ingresos; 10% de los hogares más ricos concentraron más del 39% del ingreso. La desigualdad en nuestro país es similar a la que existe en países centroamericanos como Honduras y El Salvador, o africanos como Nigeria.

¿Cuál era el negocio del infierno en Iztapalapa?

SE TRATA DE HOMBRES MAYORES, de indígenas, de menores de edad... de los excluidos. Los habitantes de un supuesto centro de rehabilitación para adictos, de un anexo, llamado Los elegidos de Dios, vivieron cautivos, sujetos a trabajos forzados, sometidos por el hambre y el terror. En sus testimonios muchos de ellos denuncian haber sido secuestrados con la intervención de policías. Señalan al Comandante Águila como quien denunciaba su presencia en las inmediaciones de la Central de Abasto, de la ciudad de México.

Muchos fueron capturados en la calle; nadie iba a preguntar por ellos, a nadie parecían importar. En verdaderas operaciones de comando intervenían varios hombres en su captura. Subían a sus presas a las camionetas que las llevarían al encierro, al trabajo forzado, a la agonía del hambre y el sufrimiento de las golpizas, los castigos y la humillación.

¿Pero, cuál era el negocio?

La confección de pinzas de madera para tender la ropa, de bolsas para el supermercado... ¿Se trataba sólo de explotación laboral?

La mayoría de quienes fueron encontrados en las instalaciones del centro llamado —de manera por demás paradójica—, Los elegidos de Dios, pertenece a los distintos grupos que conforman las poblaciones callejeras. Los niños, las mujeres, los hombres, todo un conjunto de excluidos de la estructura social, los pobres quienes sobreviven en el asfalto y sufren las consecuencias de distintas formas de violencia como la trata de personas o la limpieza social.

Pero, ¿cuál era la causa de que un centenar de personas fuera sometida a condiciones de esclavitud?

De acuerdo a la Organización Internacional del Trabajo, doce millones de personas en el mundo realizan trabajos forzados. La trata de personas es hoy uno de los negocios más lucrativos del crimen organizado, sus ganancias sólo son superadas por el tráfico de drogas y el de armas.

Pero hay que volver a preguntar: ¿cuál era el negocio en el que estaban involucrados los padrinos, esos personajes con antecedentes penales, dedicados a la vigilancia y la administración de ese supuesto centro de rehabilitación para alcohólicos y drogadictos en Iztapalapa?

Como antecedente de estos hechos, las organizaciones civiles El Caracol y la Red por los Derechos de la Infancia, denunciaron ante las autoridades de las delegaciones Cuauhtémoc y Venustiano Carranza en el Distrito Federal, operaciones de limpieza social con la participación de la patrulla policiaca de número p2315. Seis jóvenes callejeros fueron, ¿cómo decirlo?, retirados, desde luego por la fuerza, de la esquina de Artículo 123 y Humboldt, en el Centro de la ciudad, para llevarlos a

Iztapalapa, donde fueron recluidos en el anexo Los elegidos de Dios.

Para concluir, vale recordar que el gobierno del Distrito Federal impulsa el programa Rescate de Espacio Públicos Manos a la Obra. Una de las estrategias de este programa es "el retiro de grafitis en bardas y fachadas, el retiro del comercio ambulante y de los indigentes".

Una violación sistemática de los derechos humanos

Luis Enrique Hernández, de la organización El Caracol, reflexiona sobre la realidad de las poblaciones callejeras, sobre su extrema realidad de exclusión. Esta entrevista se realizó en las instalaciones de esta organización. Los niños de la calle, aquel modelo, fue superado por la realidad hace muchos años, lo que ahora se encuentra son poblaciones callejeras, los de la calle, quienes luchan por la vida en el asfalto.

—Se habla de una nueva categoría, las poblaciones callejeras, un verdadero paradigma distinto al de niños de la calle...

—El paradigma anterior, el de de niños de la calle, que refería a un menor de 13 años, sucio y solo en las calles, era un estereotipo. La UNICEF estableció dos categorías la de *niños de la calle* y *niños en la calle*, entendiendo que *los de la calle* rompían con el vínculo familiar y los de *en la calle* eran quienes mantenían el vínculo familiar, pero estaban trabajando en estas condiciones. Eso de alguna manera confundía, porque cuando ibas a las calles no se alcanzaba a diferenciar quien era *de la calle* y quien era *en la calle*. Además de que en la calle no sólo había niños, sino también jóvenes, adultos y demás población.

»Recuerdo la película de *Los olvidados*, dirigida por Luis Buñuel, que se refiere a estas personas que viven en la calle, pero cuyo perfil es muy diverso: jóvenes, niños, incluso personas en conflicto con la ley, como el personaje de El Jaibo.

»La representación social de niños de la calle se generaliza a finales de la década de los años setenta, se reduce a una sola persona: el niño de la calle, en situación de abandono, quien consume solventes. Esa imagen deja de lado la diversidad de las poblaciones callejeras.

»Por eso hablamos de un paradigma, un paradigma que tiene muchos elementos que lo hacen complejo, con muchas aristas. Cuando hablamos de niños de la calle, el punto básico es la asistencia porque pensamos que ese niño necesita comida, necesita cobijo, necesita una escuela, para lo cual las alternativas que se generaban para esa población eran desde ese modelo, todo el mundo quería para el niño de la calle, cobija, escuela, alimento, pero jamás se pensaba en espacios de trabajo, espacios de tratamiento especializado contra las drogas o en atender a la diversidad de lo que es una familia o nadie se preocupaba por el tema de género, que es sustancial en la calle.

»Nosotros comenzamos a hacer un análisis, dialogando con otros educadores y educadoras desde 1994, cuando surge El Caracol y percibimos una diferencia. Desde entonces hablamos de jóvenes callejeros, haciendo una diferencia sustancial con niños de la calle, incluso se colocaba la categoría de personajes callejeros, hablando más de la diversidad, pero es hasta el año 2000 cuando realizamos un análisis más profundo y llegamos a la categoría de poblaciones callejeras.

»Cuando hablamos de poblaciones callejeras no sólo hablamos de la diversidad, sino de una manera diferente de nombrar un fenómeno social. Poblaciones callejeras es una categoría social de análisis, que nos permite entender ese fenómeno y actuar en consecuencia, ajustar los modelos institucionales para que atiendan esa diversidad. En el trabajo cotidiano jamás les diremos tú eres población callejera, en el trabajo cotidiano lo importante es decirles tú eres Pedro, tú eres Enrique, tú eres Juan, tú eres Irma, lo cual no los estigmatiza.

»Hablar de la categoría social de poblaciones callejeras le ha dado una vuelta de tuerca al fenómeno social, puesto que toca diferentes planos, uno es el de la demografía. Demográficamente estas poblaciones no están consideradas, no están contemplados en el Censo de Población y Vivienda, cuando dialogábamos con los compañeros de la Conapo decían que no tenían casa y por eso resulta difícil contarlos. Hay que resaltar el nivel de exclusión que esto implica, como no están en una casa, parece que están totalmente fuera de los espacios de oportunidad, como si dependiera de una casa el que pudiéramos tener documentos oficiales y trabajo.

»En España se considera a la población callejera como *los sin techo*; en Francia se fijó este mismo concepto, es la misma población: quienes están excluidos. El concepto de población callejera nos habla de diversidad, por lo tanto nos obliga a entender la diversidad que hay en la calle, hay niños, hay jóvenes, adultos, familias, gente de la tercera edad, personas con padecimientos psiquiátricos que están en la calle, para los cuales no hay un solo espacio de atención.

»Cuando abrimos el abanico y cambiamos el paradigma de un modelo de *niño de la calle* a pensar en *poblaciones callejeras*, nos obligamos a pensar y ajustar todos los programas de atención, la política pública. Así es como se mueven los fenómenos sociales, las instituciones, la política pública: se tiene que ajustar a la complejidad de esa dinámica social.»

—¿Qué es lo que puede llevar a cualquiera, a un niño, a un joven, a una mujer, a un hombre, a una persona mayor, a la calle?

—Cuando hacíamos un análisis sobre las causas, incluso con estos grupos, lo único que encontramos es que la razón de que una persona viva en la calle es una violación sistemática de sus derechos humanos. El Estado no ha garantizado los derechos de estas poblaciones. Voy a poner un ejemplo un tanto burdo: una familia, digamos en Chalco, en la que la señora se queda sin trabajo. Ella tenía derecho al trabajo, pero por alguna razón económica la despiden, ya sea porque la empresa cerró o porque aumentaron sus costos de producción, lo que sea, el hecho es que no hay quien garantice que ella tenga derecho a trabajar. Tampoco el Estado garantiza que los hijos de esa señora estén bajo determinada protección; hay otra violación, entonces a los derechos de esos niños hipotéticos. La señora tenía que salir a trabajar, dejaba a sus hijos solos. Mientras tanto, su niña salía a limpiar parabrisas, aunque elle no lo sabía, pero cuando deja de trabajar, le pregunta dónde consigue dinero y la niña le dice lo que hace; entonces ve una posibilidad de hacerse de recursos y sale a limpiar parabrisas con su hija.

«Pero la cosa no para ahí, como ya no quiere dejar a sus hijos solos, como sabe que se encontraban en riesgo, se los lleva al lugar a donde limpia parabrisas. En ese lugar se empieza a relacionar con otras personas que consumen alcohol. Ellos tenían una casa, pierden la casa, comenzaron a vivir en la calle. Desde luego esto sucede a lo largo de varios años. La señora con el problema, ya serio, de consumo de alcohol, vive con toda la familia en la calle. Una de sus hijas se relaciona emocionalmente con otro muchacho que proviene de otra familia similar que estaba en la misma situación y, entonces se forma una gran familia callejera.

»La pregunta es a quién le tocaba que esos niños estuvieran protegidos, que la niña no saliera a la calle a trabajar. A quién le tocaba garantizar que esta mujer tuviera trabajo o tuviera alguna capacitación para acceder a otro empleo después de haber perdido el que tenía. Hay una violación sistemática de derechos. De ahí que se coloque a estas personas en una posición de exclusión social.»

—¿Qué pasa con la subsistencia en la calle? ¿Cómo subsisten en la calle estas poblaciones?

—Nosotros hablamos de que más que subsistir, sobreviven. La investigación de la antropóloga Ruth Pérez, muestra su trabajo con diferentes grupos y un análisis de cómo se vive en la calle y cuáles son los métodos de sobrevivencia. Al principio su tesis partía de a que los chavos veían de manera negativa la calle. Cuando empieza a trabajar con ellos, se da cuenta de que su supervivencia está en función de sus redes sociales. Es decir, los chavos de la calle no están solos, esa imagen del niño de la calle solo, esperando a sus papás, no existe; los chavos en la calle tienen vínculos filiales entre el grupo, que se organiza para conseguir comida o droga.

»Están dentro de una red comunitaria en la cual hay vecinos que les ayudan con el medicamento, gente de buena voluntad que les da comida, instituciones que los apoyan y les resuelven servicios, lo mismo que algunos elementos gubernamentales. Es decir, la gente en la calle no está sola y aislada, forma parte de una red social. De ahí que nosotros estemos planteando que este concepto de marginación no aplica con las poblaciones callejeras, porque no están alrededor, como lo verdaderamente marginal, hablamos más de exclusión social. Están excluidos de sus derechos, de los espacios de oportunidad. Los chavos en la calle sobreviven en función de sus redes sociales, sus redes de amigos, la comunidad, las instituciones, tanto públicas como no gubernamentales.»

—¿A qué peligros se enfrentan estas poblaciones callejeras?

—Los riesgos son muchos y están latentes. El primero de ellos es el del crimen organizado, que encuentra en algunos grupos callejeros la oportunidad de tener mano de obra barata, quien pueda llevar o traer droga, quien la consuma o la distribuya en el interior de esos grupos. Como son callejeros, parece que eso disminuye el riesgo con la policía, los ministerios públicos no los reciben, los jueces de lo cívico tampoco, dicen "es callejero, no pasa", porque saben que no lleva dinero, porque implican más gastos y problemas; no los aceptan. El crimen organizado, al verlos solos, los engancha de una manera muy fácil; eso los coloca en el riesgo de ir a la cárcel o de sufrir otras consecuencias.

Otro riesgo tiene que ver con la creciente dinámica de la sociedad hacia las poblaciones callejeras. Por ejemplo, la ciudad de México se ha convertido en una supuesta ciudad bonita, de oportunidades, pero en la ella no hay espacio para estos grupos sociales. En la misma sociedad hay un tema de rechazo a estos grupos.

»Existe también una discriminación tutelar, se les discrimina no creyéndolos capaces de dialogar, no creyéndolos capaces de trabajar, pero se insiste en protegerlos. Bajo esa tutela también se les discrimina.

»Muchos vecinos de distintos lugares quieren que se proteja a estas poblaciones pero no los quieren ver fuera de sus casas porque se ven feos, y eso habla de una fuerte discriminación. Tenemos que reflexionar sobre lo que pasa con nosotros que no queremos lo que se ve mal o lo que creemos que se ve mal.

»El otro riesgo está relacionado con las políticas seguidas por los gobiernos, una verdadera limpieza social, entendida no como estos actos de sangre como pasó en Guatemala, en Colombia, o en Brasil, sino entendida de una manera mucho más sutil, donde al no quererlos en determinados espacios urbanos se les retira reprimiéndolos.»

VIII

Historias de VIH/SIDA

Juana Hernández vive en Long Beach, California, y está enferma de sida. Juana ha solicitado asilo político en Estados Unidos. Su caso se dirime en la corte.

La historia de Juana Hernández se inició hace varios años, cuando le detectaron la enfermedad. Ella estaba embarazada y su esposo había muerto víctima del letal virus.

Como muchos otros sobrevivientes del continente de la pobreza, su esposo fue al norte en busca de dólares. Regresó enfermo y, según relata Juana, nunca fue atendido.

En su comunidad, en el estado de Hidalgo, la familia fue discriminada y estigmatizada. Además no había recursos para que fueran atendidos.

Resulta paradójico, pero después de la muerte de su esposo, Juana viajó con su hija al norte y cruzó la frontera. Sabía que del otro lado podía encontrar la atención que ambas necesitaban.

En las zonas rurales y marginadas de Jalisco, Zacatecas, Michoacán, Guerrero y Morelos, se han documentado numerosos casos de enfermos de VIH/SIDA.

Según distintas investigaciones la migración laboral es una de las causas determinantes para la propagación geográfica del VIH/SIDA, por distintas regiones de nuestro planeta.

Allá en Zacatecas, estado donde existe una verdadera cultura de la migración el VIH/SIDA hace estragos. Según datos de la sección sanitaria número 8, en Jerez se encuentra el mayor número de casos de adolescentes contagiados en la región, además de que hay un dramático aumento en la incidencia de la enfermedad en los últimos años.

Los lugares a donde viajan los migrantes mexicanos a buscar la vida, presentan una alta tasa de incidencia de VIH/SIDA. Cerca del 30% de los casos de VIH en Estados Unidos se encuentra en estados de la frontera sur de aquel país. Por otra parte, en centros urbanos como Nueva York y San Francisco, el VIH sigue siendo una de las principales causas de muerte entre los hombres de 25 a 44 años de edad.

El perfil de la mayoría de los migrantes mexicanos corresponde a lo que puede considerarse una población con riesgo de contagio por infección de VIH/SIDA. La mayoría son hombres de edades entre los 15 y los 34 años de edad y viajan solos.

Se presume que las campañas de prevención del VIH, por las condiciones de sus lugares de origen han tenido poca repercusión. Además, estos hombres de pronto se encuentran y viven en una sociedad con costumbres sexuales más abiertas.

La incidencia de casos de VIH/SIDA en los estados comúnmente expulsores de migrantes es mayor que en el resto del país. En zonas rurales de Jalisco, Michoacán,

Guerrero y Morelos, existen numerosos casos de personas que han contraído este virus.

Muchos de quienes padecen la enfermedad han sufrido también distintas formas de discriminación. Sus derechos a la salud, al trabajo, en conjunto a una vida digna, son violados por quien los estigmatiza.

¿Cuántos enfermos de sida en nuestro país pueden acceder a un tratamiento eficaz que logre mejorar su calidad de vida?

Aunque oficialmente se niega que exista desabasto en las clínicas y hospitales del IMSS y el ISSSTE, desde hace años existen denuncias de una creciente y dramática falta de medicamentos, de antivirales y reactivos de laboratorio, además de que muchos enfermos de VIH/SIDA pagan con mala calidad de vida los vicios y las carencias del actual sistema de salud.

El del VIH/SIDA es mucho más que un complejo problema de salud. Impone retos de carácter social y político, estrategias de prevención y atención, que difícilmente podrán generar los países de África, Asia y Latinoamérica, los países del extendido continente de la pobreza, donde la pandemia cobra cada vez más vidas.

Una historia de triste ceguera

Esta es una historia triste, donde el afán de vencer limitaciones y enfermedades se ve cercado por la ignorancia y los prejuicios, por la intolerancia. Lalo es débil visual y Rafael, ciego, ambos viven con VIH/SIDA.

Lalo: Pues la verdad me siento mal, si de por sí me ha costado mucho trabajo salir de muchas, más de esta enfermedad: es dar la batalla en todo, y ver que gente que supuestamente está preparada y que tiene el derecho a enseñar (por eso es una escuela educativa), que ellos sean los primeros que me nieguen el derecho a rehabilitarme, bueno no a rehabilitarme, pero sí a estudiar lo que realmente yo quiero, pues es feo y me hace sentir mal.

Rafael: También me siento muy mal, desesperado, porque es difícil vivir con VIH, muy difícil. Es más difícil cuando se tiene que vivir con una discapacidad, que le corta a uno el movimiento, el desplazamiento y uno pone lo más que puede de su parte por ser una persona útil a la sociedad, a la familia, a uno mismo, y te topas con esta gente que se supone que está para hacernos la vida un poco más llevadera o rehabilitarnos o darnos armas para luchar y nos coartan el derecho a la educación. Es muy triste.

Lalo y Rafael llegaron a la Escuela Nacional de Ciegos buscando rehabilitarse y aprender un oficio. Para los invidentes es difícil conseguir empleo, pero la de la propia manutención es una tarea impostergable.

Lalo está convencido de haber actuado con honestidad, cuando en los trámites necesarios para su inscripción aceptó vivir con VIH/SIDA.

> LALO: Cuando yo acudí a las citas de valoración, entre ellas estaba las que iba a tener con un médico, un psicólogo, un pedagogo y gente de trabajo social, entonces, se podría decir que por honestidad y porque desconocía el manejo de la escuela, comenté al médico y al psicólogo de mi situación, que vivo con VIH. Creo que para este tipo de gente, que debe ser profesional, pues era necesario hablar con la verdad, pensaba que me iban a entender, entonces pues esto me dijo el psicólogo que se iba a manejar con discreción y que, dependiendo de la junta de valoración, mi inscripción a rehabilitación podría ser aceptada.

Por su parte, Rafael fue señalado desde su primera vista a la Escuela Nacional de Ciegos, se le discriminó y humilló, se llegó al absurdo de considerar que podía causar una epidemia en la escuela.

> RAFAEL: Ingresé en la escuela, me aceptaron, me pidieron estudios, requisitos, yo los entregué todos; entre ellos venía un estudio oftalmológico, donde decía que mi problema visual era a causa del VIH. En ese momento se enteran de mi problema, aún así me incorporan a las clases. A las cuatro clases de rehabi-

litación me dan de alta en actividades de la vida diría por considerarme, como me dijeron, altamente contagioso. Lo que pasó fue que llevábamos la clase de cocina y tenían miedo de que yo causara una epidemia en la escuela. Después de eso me enviaron al servicio de odontología, yo le aclaré a la odontóloga cuál era mi padecimiento, pero hicieron un escándalo bastante fuerte; ella me negó la atención por órdenes superiores y, desde entonces, la discriminación y el rechazo en las demás clases se agudizó.

Pero faltaba lo peor, tanto Rafael como Lalo pensaron que podrían cursar la carrera de masoterapia, de masaje terapéutico. Presentaron la solicitud y los exámenes necesarios. El rechazo no se hizo esperar, quien fungía como coordinadora de la carrera de masoterapia, le hizo saber a Lalo y Rafael que permitirles cursar la carrera resultaba peligroso.

RAFAEL: Hablé con el director de la escuela porque quería ingresar en la carrera; mi objetivo al estudiar masoterapia era tener una actividad donde fuera económicamente independiente sin tener que depender de una persona normalmente visual. Me mandó con el médico de la escuela, el médico me pidió un certificado, extendido por el infectólogo que me atiende que dijera que el VIH no era contagioso. Yo obtuve la calificación más alta en el examen de valoración a la escuela, pero aún así me empezaron a hacer dar vueltas, que "ven hoy", que "ven mañana". El director y su junta de valoración de viva voz me dijeron que ellos no me podían aceptar en la carrera, puesto que llevaban una clase de acupuntura y era peligroso para los demás alumnos.

A Lalo le ocurrió lo mismo:

LALO: Fui a pedir mi solicitud, claro que está que yo pensé que me la iban a negar, aunque en un principio no me la negaron. Entonces llevé toda la documentación, todos los estudios que me pidieron, me presenté al examen y lo pasé sin problema alguno. A los demás les dijeron que tenían que presentarse a clases tal día, pero a nosotros nos pidieron que esperáramos la resolución de las autoridades, respecto a nuestro caso, pregunté si era por nuestra situación de vivir con VIH/SIDA, me dijeron que sí. Me tuvieron dando vueltas y vueltas por más de dos meses y nunca se resolvió nada.

Rafael y Lalo solicitaron la intervención de CONASIDA con el propósito de que emitiera su opinión sobre el caso. CONASIDA fue contundente: la transmisión del VIH, su contagio, se da sólo por contacto sexual; por transfusión de sangre contaminada; por el uso de agujas y otros instrumentos punzocortantes contaminados; de una madre a su hijo en periodo perinatal, y por trasplante de órganos y tejidos contaminados.

CONASIDA recomendó la inmediata restitución a la carrera de masoterapia a Lalo y Rafael.

Pero a las autoridades de entonces de la Escuela Nacional de Ciegos no les importó tal recomendación, por lo que Lalo y Rafael presentaron una queja en la Comisión Nacional de Derechos Humanos. Como respuesta a esa queja fueron intimidados.

>   RAFAEL: nos llevan de una forma rara a la dirección de la escuela, del brazo, casi a rastras, nunca habían hecho eso, jamás en la escuela nadie te hace el favor de auxiliarte para llegar a un salón o auxiliarte a desplazarte de un lugar a otro y esta vez lo hicieron. Nos dejaron en la dirección cerca de 20 minutos, luego nos dijeron que teníamos que firmar un acuerdo donde la escuela se comprometía a inscribirnos. Llegó un abogado, estaban ahí todas las autoridades de la escuela, la verdad todo eso resultó muy intimidatorio. Después nos leyeron una cosa muy distinta a la que nos habían propuesto, no nos dieron oportunidad de leer ese documento en Braille, además no pudo acompañarnos alguna persona de nuestra confianza.

Al final las autoridades de la Escuela Nacional de Ciegos se mostraron insensibles ante los derechos de Rafael y Lalo, quienes fueron excluidos de la posibilidad estudiar la carrera de masoterapia.

>   RAFAEL: La ceguera me cortó parte de mi existencia, luego el VIH fue un golpe muy duro. Después, toparme con esta clase de gente, que en lugar de apoyarnos nos discrimina por ignorancia es otro golpe muy duro. Necesito estudiar, necesito tener una fuente de ingresos para subsistir.

Lalo y Rafael descubrieron que existe una ceguera peor a la que ellos padecen, la ceguera que es resultado de la ignorancia y la intolerancia.

IX

La marcha silente

UNA MARCHA SINGULAR, con un reclamo por el futuro, por una mejora de las condiciones y la calidad de vida de miles de sordos en México: de Chapultepec a la Cámara de Diputados, con la exigencia de que los sordos sean reconocidos como parte de la realidad pluricultural de este país.

Abundan los testimonios de padres de niños sordos en la marcha:

> Los niños tienen el derecho de poder entrar a diferentes instituciones educativas y siempre los canalizan a instituciones médicas. No es un punto de vista adecuado, por eso nosotros queremos que la lengua de señas se difunda y se reconozca para que sé de atención desde el punto de vista educativo, para que pueda haber escuela secundaria, preparatoria, al mismo nivel que las personas oyentes tienen su estudio y esto puede venir a partir del reconocimiento de la lengua de señas...

La exigencia de los sordos que marchan por Reforma es descongelar la Iniciativa de ley que desde 1999 propone la adición de un párrafo al artículo Cuarto Constitucional, donde se expresa que los sordos son parte de la pluriculturalidad de nuestra nación con su lengua y su propia cultura.

Tal reconocimiento se articula desde la lengua de señas mexicana, forma de expresión natural de los sordos por generaciones, medio de cohesión y elemento determinante de su identidad como grupo.

Una entrevista complicada, realizada en lengua de señas mexicana y con la ayuda de intérprete:

> Los sordos tenemos nuestra propia cultura, nuestra propia identidad, estamos a la par de cualquier persona, como cualquier grupo cultural, que tiene identidad en su lengua, por eso es que queremos el respeto y queremos que se reconozca este derecho de la lengua de señas. Los oyentes protestan y les hacen caso, nosotros también queremos protestar y no queremos que nos ignoren.

Una marcha original, donde predomina el blanco y las consignas se gritan en silencio. En nuestro país hay más de 18 000 sordos. Por la avenida Reforma marchan cerca de 300, quienes pertenecen a distintas organizaciones y han venido de ciudades como Tlaxcala y Monterrey.

En mantas y cartones han escrito sus demandas: "Queremos progresar, ser útiles a nosotros, a nuestras familias, a nuestra patria".

Respeto a los derechos de los sordos... La cultura sorda es un conjunto de culturas aprendidas de la gente sorda, que tiene su propio idioma, valores y tradiciones.

Daniel Maya es intérprete de la lengua de señas mexicana: "En el momento en que se reconozca y se empiece a dar educación, si sube el nivel de educación de las personas sordas, también va a subir su nivel de calidad de vida. Si tienen más educación van a tener más oportunidades de trabajo y por lo mismo su calidad y condición de vida van a subir, por eso es muy importante el reconocimiento de la lengua de señas, entre más rápido se reconozca que la lengua de señas mexicana es una lengua completa, más rápido van a tener acceso a la educación y por ende más rápido van a tener acceso a trabajo y su calidad de vida va a mejorar", dice.

Todos los que marchan, de una manera o de otra, han sufrido la discriminación y el rechazo. Son parte de una minoría que en el mejor de los casos se mira con lástima y en el peor, con recelo y desconfianza.

Hernán Guillermo es sordo:

> Nosotros no somos enfermos, no estamos discapacitados, lo que queremos es que reconozcan nuestra cultura. No tenemos ningún problema con la sociedad, simplemente queremos que reconozcan nuestra cultura. Estamos dispuestos a hacer cualquier cosa para que se ganen la confianza de nosotros, para demostrar que podemos trabajar con ellos.
>
> La verdad es que hay mucha desconfianza y desconocimiento por medio de las personas oyentes. Ven a los sordos y no saben como tratarlos, se burlan, les hacen chistes, pero jamás se han dedicado a ver la problemá-

tica de los sordos, sólo piensan que son discapacitados. No conocen a profundidad la situación de las personas sordas, ese es el gran problema.

Y el gran problema son las pocas oportunidades que hay para la mayoría de los sordos condenados al subempleo. Víctimas de una escasa educación, sin oportunidades, determinados por el silencio ignorante de una sociedad que desde su infancia traza para ellos un futuro de vendedores ambulantes.

¿Que cómo viven los sordos? Tienen que estar conviviendo en una sociedad de oyentes, hay algunos sordos que tiene una buena posición económica, pero la mayoría son personas pobres. La mayoría se dedica al comercio ambulante, venden llaveros en diferentes lugares. Los sordos pedimos trabajo en diferentes lugares, pero las personas oyentes no creen que tengamos la capacidad y no piensan que no se puedan comunicar y no aceptan darles trabajo. Uno que otro sordo puede colocarse en algún empleo, pero la gran mayoría no tiene trabajo y se dedica al comercio ambulante. A veces puede resultar molesto para algunas personas que los sordos estén trabajando en la calle, pero no hay las mismas oportunidades de trabajo para nosotros como para los oyentes.

Joel habló conmigo en la lengua de señas mexicana. Verónica toma la palabra:

Muchas veces no hay dinero. Mi niño desde hace 7 años necesita sus aparatos. Desde recién nacido necesita sus aparatos auxiliares y yo no se los he podido comprar. Ni el gobierno, ni la sociedad, nadie se toca el corazón para decir: hay muchos niños necesitados que necesitan de apoyo.

Elsa es también madre de un niño sordo: "Mi hijo estaba en un kínder normal, pero la maestra no estaba capacitada para enseñarle. Él se apartaba de los demás niños, no estaba en su ambiente. Después lo llevé a un CAM (Centros de Atención Múltiple), busqué escuela para él y no encontré. Lo mismo sucede en los hospitales, no hay doctores, no hay terapias. En este país sólo quien tiene dinero tiene la posibilidad de una buena atención médica para su hijo, de terapias, de escuela. Por eso estamos aquí, porque queremos un mejor futuro para ellos".

En esta marcha, quizá la única protagonizada por sordos en la historia de México, celebrada en el 2001, la apuesta fue por el futuro, el reconocimiento de los sordos como una minoría lingüística y cultural es el principio, después viene la educación y con ello mejores oportunidades de vida.

Otro de los sordos, Juan, insiste:

Si se hace a un lado la lengua de señas mexicana, no se reconoce, los sordos nos enfurecemos. No podemos seguir esperando más tiempo, necesitamos que nuestra lengua se reconozca de manera oficial en la Constitución. Necesitamos tener una vida tan digna como la que tienen los sordos en otros países del mundo, por ejemplo en Colombia, en Venezuela, en diferentes lugares, donde ya se ha reconocido legalmente en las constituciones el respeto a la lengua de señas y su cultura. Esto es lo que estamos proponiendo, no queremos esperar más tiempo, en el futuro van a llegar más generaciones de niños sordos, queremos demostrar que la lengua de señas vale.

Y los sordos llegaron a San Lázaro y afuera de la Cámara de Diputados exigieron la esperanza de un futuro mejor. El reconocimiento de su lenguaje, cultura e identidad.

X

Penales: ¿Dónde quedó la rehabilitación?

Uno de los espacios donde la discriminación acomete con amargura, donde se expresa en una serie de violaciones a los derechos humanos sufridas por miles de personas en este país es en los penales. La realidad carcelaria está marcada por diversas formas de discriminación, resulta un verdadero cúmulo de sus distintas expresiones. La primera de las crueles formas de discriminación de quienes se encuentran en las cárceles mexicanas, en muchos casos, es la denegación de la justicia, la más grave es la amenaza constante, la posibilidad de sufrir abusos físicos de todo tipo, que pueden llegar a la muerte.

El hacinamiento, la corrupción, la violencia latente en los penales de la ciudad de México los hace vulnerables, la mayoría de las más de cuarenta mil personas recluidas en ellos ven violados sus derechos y sobreviven en las peores condiciones con carencias de lo más elemental como el agua y el alimento.

La sobrepoblación origina insuficiencia de recursos materiales y humanos y la propagación de nuevos actos delictivos intramuros. La convivencia entre los internos se hace cada vez más difícil, lo que ha llevado a los centros de confinamiento a convertirse en verdaderas *bombas de tiempo*...

La Comisión de Derechos Humanos del Distrito Federal (CDHDF) alerta sobre esta situación. En el *Informe especial sobre la situación de los centros de reclusión del Distrito Federal*, documenta el creciente deterioro de un sistema carcelario incapaz de facilitar la readaptación social.

La violencia es una constante amenaza que puede convertirse en la realidad de una punta acerada. En la golpiza, la extorsión. Esa amenaza cumplida. Los internos, cuentan a sus familiares lo poco que vale la vida en los centros de reclusión, en cárceles con un modelo penitenciario en crisis.

> Mi familiar me contó su miedo: ¿has visto a un pajarito cuando baja a comer, voltea para todos lados, pica un mendrugo de pan y vuelve a voltear para todos lados? Así es aquí, tienes que estarte cuidando de todos porque no sabes en qué momento te puedan hacer algo. No hay ninguna seguridad, siempre hay *picados*.

Los testimonios recabados para este reportaje son anónimos por razones obvias. Las voces son de las esposas, las madres, los padres y los hermanos de reclusos de distintos penales: el Reclusorio Norte, el Sur, el Oriente... El anonimato preserva la seguridad, el costo de la denuncia puede ser el de la vida de quien se encuentra en presidio.

"Hay mucha drogadicción, mucha corrupción y falta de alimentos. La verdad es que los tratan como si fueran animales".

Vale la pena citar el Artículo 101 del Pacto Internacional de Derechos Civiles y Políticos, adoptado por la Asamblea General de las Naciones Unidas desde 1976: "Toda persona privada de su libertad será tratada humanamente y con el respeto debido a la dignidad inherente al ser humano".

Los problemas que enfrentan los familiares de los internos de los penales en la ciudad de México pasan por la corrupción. Los de los internos tienen que ver con el hacinamiento, la falta de agua y alimento; lo precario del servicios de salud y abasto de medicamentos en contraste con la abundancia de las drogas y la amenazadora presencia de los *padrinos* que controlan los dormitorios de los reclusorios.

"La verdad es que hay mucha droga, los obligan a consumirla para controlarlos", dice la esposa de un hombre privado de su libertad, padre de cinco hijos, de oficio artesano.

En el dormitorio uno del Reclusorio Norte, el hacinamiento significa la pesadilla de 16 personas, en una estancia, una celda tipo modelo, de 12 metros cuadrados. El espacio diseñado para los reclusorios del D.F. estaba destinado para quince mil internos Hoy ese número se ha disparado. La mayoría de los internos en los reclusorios de la ciudad de México vive en condiciones que atentan contra su dignidad.

De acuerdo a datos incluidos en el Diagnóstico del Sistema Penitenciario en el D.F., publicado el año del 2004, hay un promedio de 24 internos por cada custodio vigilando las instalaciones de los reclusorios. Personal deficientemente capacitado, que dice sentirse inseguro por la falta de equipo, blanco fácil de la corrupción.

José Luis Gutiérrez, del Centro de Derechos Humanos Fray Francisco de Vitoria, en calidad de abogado de algunos internos ha padecido la realidad de los reclusorios del D.F.

"Describiría a los reclusorios como instituciones corruptas. La corrupción siempre está ahí, desde la puerta de entrada".

En el mencionado *Informe especial sobre la situación de los Centros de Reclusión en el Distrito Federal*, preparado por la CDHDF se afirma:

> El primer tema que debe abordarse como parte del rubro de seguridad y custodia es el que se refiere a la falta de orden y disciplina por causa de amenazas, lesiones, robos, violencia moral y extorsiones entre internos o de custodios a internos o entre internos con anuencia de custodios, ilícitos que suceden cotidianamente en la ciudad de México.

En la cárcel todo tiene precio. La corrupción es el gran mal de los reclusorios en la ciudad de México.

> A mí me han revisado mi monedero y me ponen trabas porque traigo más de 200 pesos. Les tengo que dejar 10 pesos para que me puedan dejar pasar. La custodia me pregunta por qué traigo tanto dinero y yo le digo: "no señorita estos 300 pesos no son mucho, apenas alcanzan para su refresco de mi hijo, para ir pagando por todo

el camino de a cinco, de a 10 pesos". Se paga por la credencial. Resulta que si el pelo lo traes pintado, o largo o corto, entonces le dicen a uno que la credencial no lo identifica bien y hay que dejar los 10 pesos. Le ponen *peros* a la falda o a la ropa y hay que volver a pagar. No es justo. La situación de nosotros es muy difícil.

Todo tiene precio en la cárcel y la mayoría de las veces quien paga es la familia del interno. La mayoría de quienes se encuentran en los reclusorios son jóvenes, con una educación escolar limitada, los principales delitos cometidos por ellos son de carácter patrimonial. Robos, la mayoría de las veces menores.

> Es un sacrificio para la familia, nosotros tenemos que absorber los gastos de su manutención. Es caro, cuesta mucho, es un sacrificio muy grande. Nosotros gastamos pobremente como 700 pesos a la semana. Imagínese, y yo ahora no tengo trabajo.

Muchas veces, la esposa se convierte en el padre y la madre del hijo recluido... también se hace cargo de la manutención y el pago del hotel más caro del mundo, donde su esposo se encuentra preso.

> Se les lleva los alimentos y hasta el agua. Se compra la ropa y el calzado. Hay que pagar hasta por el lugar donde se convive con los internos los días de visita, hay que pagar 15 o 20 pesos por la mesa. Si necesitamos que nos calienten el alimento pues ahí ya son unos cinco o siete

pesos más. Todo eso está manejado por internos porque ahí no ve usted ningún custodio. Son los internos los que trabajan ahí, los que la hacen de mesero y de cocinero, pero ese no es dinero que se le queda a los internos, eso está manejado, ellos tienen que dar su "cuota" a las autoridades para que los dejen trabajar.

Más de 40 mil internos en los penales de la ciudad de México ocupan un espacio diseñado para 15 mil personas. Este grado de hacinamiento incrementa los niveles de corrupción.

Quienes padecen las insuficiencias en los penales, los males en un sistema penitenciario incapaz de rehabilitar a las personas, son los familiares de los internos; 95% de los familiares llevan alimentos a los reclusorios; el 80% provee de ropa y artículos de higiene a sus internos; más del 70% les lleva dinero cuando los visita.

Los familiares costean las deficiencias en las condiciones de vida de los internos de los penales de la ciudad de México.

Es un secreto a voces, todos lo saben, las drogas circulan en el interior de los penales. De a acuerdo con los familiares las controlan verdaderas mafias.

"Lo he visto con mis propios ojos nadie me lo ha contado. He visto personas drogadas, he visto pleitos por la droga. Los pican por la misma droga que quieren consumir y no tienen dinero para pagarla".

Los familiares de los internos en los reclusorios de la ciudad de México, lo mismo del norte, que del sur y del oriente, están convencidos de que en los penales las cosas siempre cambian para no cambiar. El *gatopardismo* beneficia a las mafias que cobran las tarifas de los que resultan los hoteles más caros del país.

"Los *padrinos* siguen ahí, igual traficando droga y las autoridades lo saben, también lo saben los custodios".

La situación de crisis es permanente, la violación de los derechos humanos es recurrente, hay problemas de hacinamiento, de salud y hasta llegan a faltar los alimentos y el agua... los custodios son escasos y no están preparados para las labores que tienen que desempeñar. En resumen, los reclusorios de la ciudad de México son altamente vulnerables

De acuerdo a estándares internacionales, la sobrepoblación es considerada un factor de riesgo en los penales. Riesgo en cuanto a la posible generación de autogobiernos erigidos por los propios reclusos, riesgo de una violencia latente, de motines con las peores consecuencias.

En México las cárceles están llenas de pobres y de jóvenes pobres. La edad promedio de los hombres internos en los penales de la ciudad de México es de 33 años y la de las mujeres de 36, de acuerdo a cifras del texto *Trayectoria de la población sentenciada en los centros penitenciarios del Distrito Federal*, publicado por la Comisión de derechos Humanos del D.F.

Después de las obvias explicaciones económicas, que remiten a la ausencia de horizontes de vida, causada por la inequidad, con realidades como el desempleo y las consecuencias de la recurrente crisis económica, en la que vivimos desde la década de los ochenta, las cárceles están llenas de pobres por la ineficacia de las instituciones de seguridad pública y procuración de justicia.

Las consecuencias de la violencia y la criminalización de esta sociedad son sufridas por quienes ocupan lo que puede considerarse el último peldaño de la pirámide social.

Elena Azaola, antropóloga y sicoanalista, define muy bien esta realidad en el texto "Política criminal y sistema penal en México", publicado en la revista *Defensor* (julio, 2008) de la Comisión de Derechos Humanos del D.F.:

> La ineficacia de las instituciones de seguridad pública y de procuración de justicia y su funcionamiento *paralegal* cumplen una función, aunque no necesariamente planificada de modo estratégico. Esto es, sirven para garantizar la propia hegemonía institucional, puesto que se aplica una violencia, arbitraria y selectiva, sobre ciertas clases sociales, para criminalizarlas y mantenerlas sometidas y, al mismo tiempo, sirven para ejercer el poder que tienen para definir una "delincuencia" que, a su vez, legitime la propia existencia del aparato punitivo y del Estado en general.

Selva carcelaria...

Al interior de los penales se dice: las cárceles están llenas de los pobres que no pudieron pagar por su inocencia.

La pregunta es: ¿dónde quedó la rehabilitación?, quién recuerda la premisa del sistema penitenciario mexicano en medio de la cruel realidad de la sobrepoblación; el verdadero gobierno de muchos penales del país ejercido por mafias en el interior y el exterior; el mal de la corrupción; la extrema violación de los derechos humanos de la mayoría de la población penitenciaria; el constante sufrimiento de los familiares de reclusos y reclusas, cuyas vidas en la realidad carcelaria mexicana parecen valer tan poco.

En los 438 penales del país se vive una tensa realidad donde la violencia puede irrumpir en cualquier momento con el saldo más terrible: un sangriento motín, una espectacular fuga; la protesta masiva de los familiares; riñas de pandillas por el control del tráfico de drogas; las ejecuciones...

La geografía de los penales donde se encienden los focos rojos de alarma se extiende por el país. La inhumana sobrepoblación de las cárceles del Distrito Federal; la inminencia de motines en los penales de Neza-Bordo y de Puente Grande en Jalisco, con la exigencia de lo más elemental: agua y comida; la amenaza de los narcos en los penales de Topo Chico, en Nuevo León, Culiacán, Nuevo Laredo, de Mil Cumbres en Michoacán, las pandillas en el de Ciudad Juárez.

Se puede delinquir desde los penales, mantener las operaciones del negocio del trasiego de drogas, organizar secuestros y realizar crueles extorsiones telefónicas. El 23% de los 222 000 internos en las cárceles del país están relacionados con el crimen organizado.

La economía del delito dentro de los penales prospera, muchos negocios se diversifican y crecen al amparo de la corrupción. El más redituable es el ingreso y la venta de drogas al interior de las cárceles; la venta de comida y espacios para las visitas es un negocio más o menos lícito y también muy provechoso. Si alguien quiere andar libremente dentro del penal paga lo necesario y punto, lo mismo por usar computadoras portátiles y celulares. Se paga por prolongar la visita íntima y por la contratación de trabajadoras sexuales.

Los documentos de preliberación representan un buen negocio cuyas ganancias alcanzan a la burocracia de los juzgados.

En los últimos años los conflictos en las cárceles, los motines, los enfrentamientos, se han multiplicado. De acuerdo a información de la Secretaría de Seguridad Pública, de septiembre de 2008 a diciembre de 2009 murieron 200 internos como efecto de la violencia en los penales y 523 más resultaron heridos. Se trata de 200 vidas truncadas. Vidas perdidas no sólo a causa de las fallas del sistema penitenciario, sino por las pugnas derivadas del control de negocios como el narcomenudeo dentro de las cárceles.

Fuentes de información vinculadas a la PGR estiman que 60% de las cárceles municipales, de los Ceresos, están controlados por operadores del narcotráfico, quienes disponen de sicarios a sueldo.

Las cárceles en poder del crimen organizado, de organizaciones como Los Zetas, El Cártel de Sinaloa y La Familia, se encuentran en Quintana Roo, Nuevo León, Veracruz, Tabasco, El Estado de México, el Distrito Federal, Tamaulipas, Baja California, Sinaloa, Michoacán, Chihuahua y Durango. En más de medio país.

Los muertos se multiplican en las cárceles ubicadas en la geografía del narcotráfico: Chihuahua, Sinaloa, Durango.

Un nuevo ingrediente aflora en la violenta dinámica de la realidad de los penales, el de la disputa por su control, el control de los negocios dentro de la cárcel establecido por el crimen organizado, negocios, como la venta de drogas o la prostitución....

Para concluir, un dato: La sobrepoblación en los penales del país supera los cincuenta mil espacios, lo que quiere decir que cincuenta mil personas privadas de su libertad viven en las condiciones más precarias de hacinamiento. Las carencias sufridas son de lo más elemental: agua, alimento, salud.

XI

El viejo que todos traemos encima

EL GRADO DE DESARROLLO de una sociedad puede medirse por las condiciones en las que se encuentran en ella los más vulnerables, como los niños y las personas mayores. En nuestra sociedad, el abandono, el maltrato, los abusos acechan a quienes, por su edad, deberían ser reconocidos como una fuente de experiencia y gozar de la vida después de haber trabajado por muchos años. Lejos de eso las personas mayores, nuestros viejos, son reducidos a mera mercancía de desecho, a nadie parece servirle su sabiduría, tampoco hay quien les agradezca todo lo que hicieron por nosotros.

A los viejos se les aparta, se les confina en la soledad, se les niega la posibilidad de seguir adelante con su propia vida. Nuestra sociedad es incapaz de tenderles la mano y comprenderlos, de garantizarles lo básico para su vida, de brindarles la certeza de servicios de salud y vivienda, una vida digna.

Diez millones de mexicanos mayores de 60 años viven en las peores condiciones. A muchos de ellos se les discrimina en su propia casa, se les niega la posibilidad de un empleo; carecen de ingresos; no tienen servicios de salud ni ningún tipo de prestación social. Nadie se hace cargo de ellos; tampoco ninguna institución. Se carece de políticas públicas para atender sus necesidades.

Sobran las imágenes de la penosa condición de las personas de la tercera edad en nuestra sociedad:

La de la solitaria mujer en un parque, olvidada por los suyos, sentada en una banca una fría tarde, con un montón de recuerdos estrujados en una bolsa de pan de dulce que come despacio, muy despacio, contándole a nadie sus recuerdos.

La del enfermo crónico, quien hace cuentas y desespera por no haber reunido lo suficiente para las medicinas que le son imprescindibles.

La de esa mujer que sube a los vagones del Metro y musita la letra de las canciones que recuerda, menos una: la del amor verdadero. Luego tiende la mano sin poder ocultar la amargura, la tristeza.

La de ese hombre que espera con ansiedad las tardes de los sábados cuando su hija le hace cada vez más breves y conflictivas visitas.

Sobran las imágenes de la exclusión, del abuso, del abandono, el dolor y la explotación.

Las personas mayores empacan mercancías y más mercancías. Al final hacen cuentas, las monedas apenas alcanzan para comprar lo necesario, nada más. El contraste entre el desaforado consumo, los carritos de súper atestados y el par de magras bolsas con los que ellos salen de la tienda donde trabajan de *cerillos* los hace sentirse infelices, lo que a nadie parece importarle.

La imagen de la persona mayor que camina atrás de la familia, cuando entran al restaurante y ocupa el peor lugar en la mesa, pese a que sea ella quien pagará la cuenta.

La del viejo quien con toda dignidad se presenta todos los días a la oficina, siempre pulcro, un verdadero caballero que más de una vez ha tenido la tentación de poner en su lugar al jefe que le echa en cara lo único que parece tener a su favor, esa impertinente juventud.

La imagen de la anciana condenada por los niños del edificio a ser la bruja del cuento.

La de la mujer frente al espejo que intenta una y otra vez la sonrisa. La sonrisa perdida en ese rostro extraño a fuerza de cirugías. La exigencia de ser bella y joven la condenó al olvido.

Siete apuntes sobre la exclusión...

1. Todos llevamos un viejo encima. Para el año 2050, en el futuro inmediato, uno de cada cuatro mexicanos será un adulto mayor. De acuerdo a un estudio del Instituto de Geriatría, la población mayor de 65 años de edad crece en nuestro país a una tasa anual de 2%, mientras que la población en general crece el 1.3%.
2. La ausencia de políticas públicas de atención a las personas mayores es resultado de la exclusión. A quién le importa quien parece ya no ser útil, quien sufre el deterioro de sus condiciones, quien requiere de una atención en cuanto a sus necesidades, de atención médica, cuidado a largo plazo y la generación de estrategias para suplir sus necesidades económicas.

    Existen en el país sólo 350 geriatras médicos, incapaces de atender a una población que hoy suma más de diez millones de personas.
3. Se estima que el 5% de las personas mayores en México sufres de maltrato. Es decir, cerca de 200 000 personas por su condición sufren de un maltrato recurrente. Una extrema forma de discriminación.
4. El maltrato tiene muchas expresiones, todas amargas. Desde el negar a ese otro, el mayor, la posibilidad de la comprensión de sus necesidades, hasta la condena a la soledad o el abandono en sus más crueles expresiones. La encuesta realizada por El Colegio de México en 2009 en el Distrito Federal, donde se aborda la realidad de los adultos mayores, revela que quienes los maltratan con mayor frecuencia son sus propios hijos, en

un 36% de los casos. Luego está con quien se vivió por muchos años y ahora desconoce las nuevas necesidades que impone el paso del tiempo, la pareja, en un 11% de los casos. Los nietos también hacen lo suyo, maltratan a los abuelos, niegan su legado, ejercen el poder de su juventud y su ignorancia maltratando a sus viejos en un 10% de los casos. En ocasiones el maltrato proviene de extraños, a quienes se paga por atender a la persona mayor, de quienes trabajan en alguna casa de retiro, incluso de los vecinos. Personas ajenas a los adultos mayores los maltratan en 17% de los casos.

Las formas de maltrato más comunes sufridas por las personas mayores son el maltrato físico, el sicológico y el abuso financiero.

El maltrato con mayor incidencia es el sicológico, la negación de sus necesidades específicas, la conflictiva relación con los familiares.

En el seno familiar se desvalora las capacidades y autoestima de los viejos, se les ignora, no se les atiende. En suma, sufren una de las peores formas de discriminación, la que se da en la propia casa, la que perpetra la propia familia.

Una forma de lucrar con las debilidades del otro es el abuso financiero. Los casos donde los familiares, los cuidadores y hasta algún vecino se adueña de las propiedades y el dinero de las personas de la tercera edad se multiplican. Frente al cajero automático, el viejo duda, pero sobra quien sepa cómo aprovecharse de la situación.

5. El perfil de la víctima del maltrato perpetrado a las personas mayores: una mujer mayor de 75 años, sola o ais-

lada, vulnerable y dependiente física y emocionalmente, con un bajo nivel de autoestima. Sin opciones de vida distintas, sin la capacidad de terminar con las formas de maltrato sufridas.

Las mujeres son quienes con mayor frecuencia son víctimas del maltrato a que nuestra sociedad somete a las personas mayores.

6. De acuerdo a estimaciones de la Secretaría del Trabajo y el Instituto Nacional de Geriatría, el 40% de la población de personas mayores en México carece de ingresos económicos fijos o de una pensión.

A millones de personas de la tercera edad en México no les queda otro remedio que seguir trabajando, a pesar del inevitable deterioro físico que en ocasiones causa enfermedades crónico degenerativas. Sin alternativas para el propio sostenimiento económico, en ocasiones también el de su familia, los adultos mayores siguen adelante.

A los empleos que acceden no son los mejores, la discriminación se hace presente cuando se determina que una persona mayor ha dejado de ser productiva, cuando se considera que está desgastada físicamente y sus capacidades intelectuales se encuentran disminuidas, cuando se les considera en el mercado de trabajo poco menos que una mercancía de desecho. Por eso la mayoría de los adultos mayores que en este país se ven determinados a ganarse el pan de cada día con su trabajo, lo hacen en el sector informal de la economía, donde sufren las más precarias situaciones laborales convertidas en vendedores ambulantes, "franeleros" en las calles, o

tratando de ganar lo que se pueda, con un modesto negocio de la venta de comida o lo que se pueda en la calle.
7. Hay que exigir la inmediata promulgación de un nuevo cuerpo legislativo, que atienda las necesidades de las personas mayores, que sancione a quienes ejercen el maltrato con penas severas. También que genere políticas públicas de atención a los adultos mayores en ámbitos como la vivienda, la salud, lo laboral, todo lo que represente el respeto al fundamental derecho de una vida digna para nuestros viejos.

Ese otro, nuestro par, el viejo a donde vamos, la persona mayor en la que reconocemos nuestros rasgos, nuestro origen, nos necesita. No se puede negar el deterioro físico que causa la edad; tampoco lo que provoca en nuestras capacidades mentales, como la posible disminución de habilidades cognoscitivas, la incipiente pérdida de la memoria y la propensión a males de la época como la depresión.

Nuestros viejos nos necesitan, porque, lo queramos o no, algún día todos seremos uno de ellos. Un viejo se asoma al espejo y todavía nos sonríe con gratitud.

Índice

Introducción 9
Apuntes para definir la discriminación 13

I 17
Viaje al país de la pobreza 19
   Ya hasta Dios nos olvidó 20
   Supervivencia en el asfalto 26
Tratado sobre la desigualdad 29

II 33
Ser mujer y no morir en el intento 35
   Notas sobre feminicidio en México 39
   Romper el silencio 41
   Todos somos protagonistas de la
   violencia doméstica 45
   Una decisión difícil 48
Voces de la isla 53

III 59
Una radiografía del trabajo en el hogar 61

IV 67
Infancia en crisis 69
   La generación de los excluidos 73

V 81
El paso de los migrantes 83
   Regreso sin gloria. Historias de
   repatriados en la frontera mexicana 87

    Perdidos en Tijuana 95

    Inmigrantes venidos del sur:
    mercancía desechable 102

VI 111
Amores de otros sabores 113
    Los cinco sexos 118

VII 123
Buscarse la vida en el asfalto 125
    Los de la calle 129
    Pobreza urbana 131

¿Cuál era el negocio del infierno
en Iztapalapa? 135
    Una violación sistemática de
    los derechos humanos 138

VIII 147
Historias de VIH/SIDA 149
    Una historia de triste ceguera 152

IX 159
La marcha silente 161

X 169
Penales: ¿Dónde quedó la rehabilitación? 171
    Selva carcelaria 179

XI 183
El viejo que todos traemos encima 185
    Siete apuntes sobre la exclusión... 188

Nosotros, los otros.
Las distintas caras de la discriminación, de Víctor Ronquillo,
se terminó de imprimir y encuadernar en octubre de 2011
en Quad/Graphics Querétaro, s.a. de c.v.
lote 37, fraccionamiento Agro-Industrial La Cruz
Villa del Marqués, qt-76240